I0103725

J.P.

Idee der Gleichberechtigung

J.P.

Idee der Gleichberechtigung

ISBN/EAN: 9783337252076

Hergestellt in Europa, USA, Kanada, Australien, Japan

Cover: Foto ©Suzi / pixelio.de

Weitere Bücher finden Sie auf **www.hansebooks.com**

Vorwort

zu

der zweiten Auflage des Werkes:

„Das historisch-diplomatische Verhältniss des Königreiches Kroatiens zu der ungar. St. Stephans-Krone.“

(Separat-Abdruck.)

AGRAM,
Schnellpressendruck des Carl Albrecht.
1861.

Vorwort.

Dieses Buch ist bestimmt um das europäische Publikum über das historisch-nationale Recht Kroatiens aufzuklären.

Dem auswärtigen Leser, den die ungarische und südslavische Frage, den die österreichischen Zustände überhaupt in so weit interessiren, um sich in die Details derselben zu versenken, wird vielleicht in den Ausführungen dieser Schrift Manches hervorgehoben finden, worauf das moderne Europa weniger Gewicht legt, Manches dagegen beinahe übergangen oder nur leichthin berührt sehen, was man gegenwärtig bei den Rechtsansprüchen der Völker im Vordergrunde zu erblicken gewohnt ist.

Es wird ihn vielleicht befremden, dass von unserer Seite so angelegentlich historische Denkmäler und die legislativen Spuren vergangener Zeiten hervorgesucht werden, um dadurch gewisse Rechte zu erweisen, die sich bei lebenskräftigen Völkern des heutigen Europa von selbst verstehen sollten, und dass unsererseits weniger Nachdruck gelegt wird auf die Geltendmachung der Principien des modernen nationalen Rechtes, welche Principien den Anschauungen der civilisirten Welt näher liegen, und aus denen auch jene Rechte unmittelbar fliessen, die hier aus so weiter Ferne geholt und aus einer Unzahl historischer und diplomatischer Prämissen für unser Volk abgeleitet werden.

a *

IV

Es dürfte daher nicht überflüssig sein, wenn wir zur Orientirung des auswärtigen Lesers in unserer Frage einige Worte hier beifügen.

————

Nachdem das Bach'sche Regierungsexperiment mit dem einigen Oesterreich nach zehn Jahren seiner Dauer gänzlich Fiasco gemacht, suchten und fanden die Magyaren die ihnen zusagendsten Garantieen für ihre national-politischen Rechte und Freiheiten in der Continuität des historischen Rechtes.

Dieser Sieg des historischen Rechtes räumte den Magyaren in Ungarn ungefähr dieselbe bevorzugte Stellung, dieselben Prärogativen ein, welche die Deutschen in dem centralisirten Oesterreich bisher genossen. —

Es war nämlich den Magyaren mit Hilfe des in den Ländern der ungar. Krone überwiegenden aristokratischen Elements seit 25 Jahren gelungen, durch die Einführung ihrer Sprache in Amt, Schule und Kirche, das frühere Ungarn in ein Magyarien umzuschaffen, und unter den ehemals gleichberechtigten Völkern Ungarns den magyarischen Volksstamm zur herrschenden Nation zu erheben.

Dieser Prozess brachte aber das aristokratische Magyarenthum in mehr oder minder heftige Conflicte mit den nationalen Elementen der anderen Völkerschaften unter der ung. Krone, die sich von dem slavischen und romanischen Stamme nach Ungarn abzweigen und den isolirten wenig zahlreichen Volksstamm der Magyaren von allen Seiten umgeben. Diese Völkerschaften setzten dem Magyarisirungszwange des vorherrschenden aristokratischen Elementes mehr oder weniger energischen Widerstand entgegen, je nach dem Grade ihrer Cultur, ihres erwachten Nationalgefühls, ihrer historischen Ueberlieferungen, ihrer Rechte und Privilegien, und der moralischen, solidarischen Hilfe von Seite ihrer auswärtigen Stammgenossen. In diesen Reibungen und Kämpfen überraschte diese Länder und Völkerschaften der plötzliche Sturm des Jahres 1848. Die Magyaren benützten die legale und materielle Gewalt, die ihnen das 48er Jahr von dem rathlosen Wien aus so unvermuthet in die Hände spielte, dazu, um die Suprematie ihres Stammes zur definitiven Entscheidung zu bringen und die Ansprüche der anderen Völkerschaften vollends niederzuschlagen. Sie provocirten aber dadurch die compacte und selbstbewusste Kraft namentlich der Serben und Kroaten zu einem Rückschlage, der sie betäubte und ihr Vorgehen lähmte.

Dies benützte die verjüngte Kraft des österreichischen Herrscherhauses, um Ungarn die gefährliche Waffe zu entwinden und das abgefallene Land wieder sich zu unterwerfen. Es gelang ihm mit Hilfe der anti-magyarischen Fronte im Lande selbst, hauptsächlich aber mit Hilfe der Grossmacht, die es damals für ihren Beruf hielt, in Europa für die Legitimität einzutreten.

Zum Unglück für Oesterreich wusste die Wiener Politik den Sieg nicht anders auszunützen, als dass sie die oft gescheiterten Centralisirungs- und Germanisirungs-Versuche von Neuem im Wege der Bureaukratie aufnahm und diese auch auf die Länder der ungarischen Krone ausdehnte. Sie fuhr aber diesmal viel unglücklicher damit, als wie zu Joseph's II. Zeiten, und brachte die Monarchie an den Rand des Verderbens.

Der Monarch machte endlich den kostspieligen und unheilvollen Experimenten seiner unweisen oder gewissenlosen Minister ein Ende, indem er den Völkern Oesterreichs ihre historischen Rechte zum Theile zurückgab und verbriefte.

Von diesen Völkern hängt es nun zumeist ab, welchen Gebrauch sie von diesen Rechten machen, wie sie dieselben auf der gewonnenen Grundlage anwenden und ausdehnen, wie ihren Bedürfnissen, Ansprüchen und gegenseitigen Verhältnissen so wie den Anforderungen der Neuzeit anpassen werden.

Die nächste Folge des in Oesterreich theilweise restaurirten historischen Rechtes ist die nothwendige Spaltung der Monarchie vorläufig in zwei Theile: in die alt-constitutionellen Länder der ungarischen Krone, und in die neu-constitutionellen oder sogenannten deutsch-slavischen Länder.

Das Staatsministerium, welches die letzteren Länder vor dem Monarchen gegenwärtig vertritt, scheint den Versuch wiederholen zu wollen, das Centralisirungssystem, welchem der Absolutismus und die Bureaukratie nicht zur bleibenden Herrschaft verhelfen konnte, nun auf constitutionellem Wege und wenigstens innerhalb der deutsch-slavischen Ländergruppen durchzuführen. — Die Regierung wird dabei von der compacten Masse Deutsch-Oesterreichs ohne Unterschied ob liberal, conservativ oder reactionär, dann von dem grössten Theile der privilegirten Stände auch einiger slavischen Länder, ferner von dem Beamtenthum, von den im Centrum des Reiches herrschenden traditionellen Anschauungen über das Wesen der österreichischen Politik etc. entschieden und ausgiebig unterstützt, — findet aber dagegen einen zähen und mit der Zeit ohne Zweifel noch wachsenden Widerstand erstens: an der Natur des österreichischen Staates selbst, und

dann an dem mächtig erwachten nationalen Interesse der Slaven Oesterreichs, die sich mit ihren berechtigten Ansprüchen, sich nun ebenfalls auf das historische Recht berufend, nicht so leicht werden abweisen lassen.

Wie dieser neue Ideenkampf, der die nunmehr begonnene Entwickelungsepoche Oesterreichs charakterisirt, verlaufen, wer aus demselben siegreich hervorgehen wird: ob die deutsche Centralisation, der die gegenwärtige Regierung huldigt, oder aber die auf föderativer Grundlage durchzuführende Gleichberechtigung der Nationalitäten, wie sie die Slaven Oesterreichs anstreben: — das wird die Zukunft zeigen.

Indessen, wenn man die Natur des österreichischen Staates ins Auge fasst; wenn man bedenkt dass das deutsche Centralisations-System in diesem Staate seinen Zweck nicht erreichen konnte, als ihm die unbeschränkte Staatsgewalt zu Gebote stand und als Amt, Schule und Kirche in seinem Interesse arbeiteten; wenn man bedenkt dass es dem centralisirenden deutschen Elemente in Oesterreich bisher nicht gelang die slavischen Volkselemente sich zu assimiliren, in sich aufzunehmen, und dass ihm dies nicht gelungen während der Dauer von Jahrhunderten, wo es ungestört an dieser seiner „Mission“ arbeiten konnte, ohne bei diesem seinem Werke einen anderen Widerstand von Seiten der zu assimilirenden Objecte zu finden, als den passiven Widerstand der widerstrebenden inneren Natur, der innewohnenden wenn auch noch zum Theil bewusstlosen Lebenskraft; wenn man die Resultate in Betracht zieht, welche die deutsche Propaganda im Laufe dieses Jahrhunderts auf slavischem Gebiete erzielt hat, welche Resultate darin bestehen, dass Dasjenige, was das Slaventhum von dem deutschen Elemente in sich aufgenommen, demselben nur als

das Materiale dient, aus welchem es gegenwärtig seine Schutz-
und Trutz-Waffen eben gegen den deutschen Einfluss schmiedet:
wenn man das alles erwägt, dann müsste man in der That von einem
transcendentalen Glauben an die providentielle Aufgabe des
deutschen Culturelements inspirirt sein, wenn man noch annehmen
wollte, dass diesem Elemente die Aufgabe, welcher die Centralisationspolitik zur Folie dient, fortan besser gelingen werde, jetzt,
nachdem die ehedem passiven Elemente zum selbstbewussten und
selbstthätigen Leben erwacht sind, nachdem sie eine Potenz er-
reicht haben, die sie befähigt, sich überall auf dem intellectuellen
Felde mit den deutschen Culturfactoren zu messen und mit ihnen
in die Schranken zu treten; jetzt, nachdem sie sich auch im
öffentlichen Leben einen freieren Spielraum erobert, wo ihre verjüngte Lebenskraft, ihre Rührigkeit und ihr praktisches Geschick
dem deutschen Ernst und der deutschen Beharrlichkeit schwerlich
so leicht das Feld räumen wird.

Mit anderen Worten: es ist nicht wahrscheinlich, dass die
deutsche Centralisationspolitik, so viele und so mächtige Factoren
ihr auch hilfreich zur Seite stehen, in der zweiten Hälfte des 19.
Jahrhunderts den Sieg erringen werde über die junge Politik der
humanen Freiheit und der nationalen Gleichberechtigung, für
welche Politik das Leben, die Natur — die Ideen und Rechts-
anschauungen des modernen Europa kämpfen.

Centralisirte Staaten vollführten den Amalgamirungs- und Cen-
tralisirungs-Prozess in Zeitepochen, wo ganz andere Factoren als
wie in der Gegenwart an der Bildung und Umstaltung von Staaten thätig waren; sie vollführten diesen Prozess zum Theil an verdorrenden
Zweigen ersterbender Volksstämme, die durch die Versetzung in
ein lebenskräftigeres Element meist nur gewannen; oder sie voll-

führten diesen Prozess durch die Anwendung der rohen Gewalt, die kein anderes Recht anerkannte, als wie das Recht des Stärkeren.

Solche mittelalterlichen Versuche, wenn auch auf einer darnach zugeschnittenen constitutionellen Basis, jetzt aufzunehmen, in einer Epoche, wo das endlich zur Geltung gelangende Recht des Individuums siegreich vom Kampfplatz in seine eroberten Asyle einzieht, und an seine Stelle das Recht der Völker auf dem sozialen Kampfplatze der neuen Geschichte erscheint; solche Versuche gegen Völker zu forciren, die ihre Lebenskraft bewahrt und bethätigt haben, und die im Bewusstsein und Vollgefühl dieser ihrer Lebenskraft jedwede Bevormundung durch fremde Volkselemente unwillig abschütteln und dagegen mit ihrer vollen Kraft sich zu wehren entschlossen sind; in einem solchen Momente und gegen solche Elemente an der centralisirenden Politik festzuhalten, heisst gegen die Natur sich versündigen, heisst das Recht hintansetzen, das Recht, auf das Alle gleichen Anspruch haben, die Völker wie die Individuen, — heisst. das Leben verkennen, das seine Rechte fordert, — heisst den friedlichen und naturgemässen Entwickelungs-Prozess des Staates hemmen, heisst die sich fühlende Volkskraft provociren, statt sie dem Staate nutzbar zu verwenden, — heisst die Gährung nähren, Misstrauen, Zwietracht und Unzufriedenheit säen, — heisst die Kräfte des Staates zersplittern und auf böse Wege leiten, — heisst den Staat neuen Crisen entgegenführen, solchen Crisen, denen der Monarch durch sein grosses Kaiserwort ein Ende zu machen die erhabene Absicht hatte — heisst endlich die Früchte des kaiserlichen Entschlusses in Frage stellen. —

Ob die Zeit, ob die inneren und äusseren Verhältnisse
unseres Staates darnach sind, um solchen Crisen gelassen ent-
gegengehen, um es darauf hin mit der Centralisirungspolitik
noch fernerhin wagen zu können? Die Antwort darauf bleibt
jenen überlassen, die dafür auch die Verantwortlichkeit tragen.

Uns bleibt nur zu wünschen, dass die Deutschen Oesterreichs
endlich zu der Einsicht gelangen möchten, dass sie in Oesterreich und nicht in Deutschland leben, dass sie in Oesterreich
neben Völkern leben, die ihnen wenn nicht in Allem ebenbürtig so
doch gewiss an Lebenskraft und in dem Streben dieser Lebenskraft
Geltung zu verschaffen, gewachsen sind; zu wünschen, dass unsere Staatsmänner am Ruder endlich ihre Aufgabe darin erblicken möchten, dass sie Oesterreich zu regieren, dass sie
Oesterreichs Heil auf dem Gewissen haben, und dass für Oesterreich nur eine österreichische Politik heilbringend sein kann;
endlich zu wünschen, dass die erhabene Absicht des Monarchen
durch die Politik Seiner Minister nicht zu Schanden werde, und
dass an Oesterreich das verhängnissvolle Wort nicht in Erfüllung
gehe, das Wort: „zu spät!“ —

Das was hier über die deutsche Regierungspolitik Oesterreichs gesagt ist, wird auch die Situation Kroatiens in der Neuge-
staltung unseres Staates dem auswärtigen Leser ungefähr andeuten.

Kroatien besitzt seine eigene, urslavische Verfassung noch aus
der Zeit seiner nationalen Könige her, welche Verfassung auch von
den Magyaren bei ihrer Einwanderung in Pannonien vorgefunden,
und von denselben in allen ihren Grundzügen und echtslavischen Formen angenommen, später ein Gemeingut der Völker Ungarns wurde.

Auch nach ihrem freiwilligen Verbande mit der ungarischen Krone behielten und behaupteten die Kroaten bis auf unsere Tage ihre verfassungsmässige Selbständigkeit und eine in jeder Beziehung autonome Stellung Ungarn gegenüber.

Wenn die Kroaten zu gewissen Zeiten ein oder das andere Attribut dieser ihrer Autonomie freiwillig mit der ungarischen Legislative und obersten Administration theilten, so geschah es, um dadurch für gewisse gemeinsame Interessen gegen die diese Interessen bedrohenden Gewalten um so ausgiebigere Garantieen zu gewinnen, und es geschah diess zu einer Zeit, wo die Kroaten dadurch ihrer nationalen Unabhängigkeit nichts vergeben konnten, weil sich damals selbst in Ungarn der Slave und der Magyare gleichberechtigt fühlte und es auch war.

Sowie sich die magyarischen Suprematiegelüste zu regen anfingen, begannen auch die Kroaten ihre früher gemachten Cessionen zu reklamiren, und diese Reklamationen steigerten sich in dem Grade, als die Magyaren in der Hegemonie Ungarns an Terrain gewannen, — und führten endlich mit dem vollständigen Siege des Magyarenthums in Ungarn auch zum vollständigen Bruche mit Kroatien.

Wenn daher die weltbekannte ungarische Juristik auf Grundlage solcher Cessionen gewisse Zugehörigkeitsrechte bezüglich Kroatiens geltend zu machen versucht, dann misskennt sie offenbar oder sie ignorirt absichtlich die Natur dieser spontanen Acte, und klammert sich in ihrer eigenthümlichen Art an das formelle Recht, an ein Recht, dem das Wesen und der Geist mit der Umwandlung Ungarns in ein Magyarien, in Bezug auf die fraglichen Fälle längst entschwunden ist.

Aber auch das formelle Recht kann in dieser Beziehung nicht mit Erfolg allegirt werden, weil man in Ungarn nichts geltend zu machen vermag, was die Beschlüsse des kroatischen Landtages vom J. 1848 annulliren könnte.

Die zu Recht bestehenden und vom Könige in ihrer Wesenheit sanctionirten Beschlüsse dieses Landtags haben alle an Ungarn gemachten Rechts-Cessionen annullirt und die früher an die gemeinsame Vertretung übertragenen Selbständigkeits-Attribute in den autonomen Rechtsumfang Kroatiens wieder einbezogen.

Kroatien hat durch die thatsächlich durchgeführten Beschlüsse seines letzten Landtags und in Folge der darauf folgenden Ereignisse seine vollkommene Selbständigkeit und Unabhängigkeit von Ungarn vollständig wieder gewonnen, und diese seine Selbständigkeit wurde auch von Sr. Majestät dem König in dem kaiserlichen Diplom vom 20. Oktober v. J. anerkannt, indem es darin den Kroaten anheimgestellt wurde, über ihre staatliche Stellung innerhalb des Verbandes der österreichischen Monarchie selbst zu entscheiden.

Wir schreiben diese Zeilen am Vorabende des bereits versammelten kroatischen Landtags, der über diese Frage entscheiden soll.

Wie wird diese Entscheidung ausfallen?

Wir sind weit entfernt den Entschluss unseres Landtages schon jetzt errathen zu wollen; aber einige Andeutungen wollen wir uns erlauben bezüglich der Prämissen, die diesem Entschlusse vorangehen, wonach es den auswärtigen Lesern, die sich allenfalls für die südslavische Angelegenheit interessiren, leichter wird, den muthmasslichen Vorgang dieses unseres Landtags sich zu erklären.

Wenn man sich unsere oben skizzirte Ansicht über die österreichische Centralisirungspolitik in einem durch die noch frischen Erfahrungen des letzten Decenniums möglichst gesteigerten Massstabe als die allgemeine Meinung Kroatiens darüber denkt, dann dem tausendjährigen autonomen Verfassungs-Rechte Kroatiens die modernen Landesstatute der sogenannten deutsch-slavischen Länder mit den gemischten Nationalitäten entgegenhält, so wird man daraus eine ziemlich annähernde Vorstellung davon gewinnen, was man in Kroatien von dem deutsch-centralistischen Regierungssystem Oesterreichs denkt und erwartet.

Oder noch besser: wenn man nach Durchlesung dieses Buches sich veranschaulicht, was Alles die Kroaten gegen ihre Nachbarn jenseits der Drave auf dem Herzen haben, und wenn man es trotzdem als eine ziemlich ausgemachte Sache annimmt, dass, wenn über die Fragestellung: ob nach der neuen Façon deutsch-centralistisch? oder aber aufs Ungewisse wieder mit Ungarn? — in Kroatien Umfrage gehalten werden sollte, das Plebiscit höchst wahrscheinlich mit weit überwiegender Mehrheit sich dahin aussprechen würde: man wolle es denn doch lieber noch einmal mit Ungarn versuchen, — wenn man sich dieses Alles vergegenwärtigt, dann wird man sich erst einen vollends richtigen Begriff darüber bilden können, welchen Eindruck das deutsch-österreichische Regierungssystem hier zu Lande zurückgelassen, und in wie fern die neu-constitutionelle Central-Politik geeignet war, jenen Eindruck zu verwischen.

Nach solchen Erwägungen würde es hoffentlich Niemanden sonderlich überraschen, wenn die Entscheidung unseres Landtags für den Anschluss an Ungarn lauten würde.

Selbst wenn die Kroaten, die bereits für die Gesammtmonarchie solche beispiellose Opfer gebracht haben, wie kein anderes

Volk in Oesterreich, selbst dann wenn sie abermals geneigt wären, einen sehr wesentlichen, einen äusserst wichtigen Bestandtheil ihrer altererbten constitutionellen Rechte dem Interesse der Gesammtmonarchie, wie es in Wien gegenwärtig aufgefasst und ausgelegt wird, zu opfern; und selbst wenn sich die Befürchtungen nicht bewahrheiten würden, dass die gegenwärtigen Provinzial-Landtage der deutsch-slavischen Länder nur der Schemel für den Reichsrath sein werden, und wenn sich auch die Besorgnisse bezüglich des Reichsrathes selbst als übertrieben und unbegründet erweisen sollten, selbst dann würde das Festhalten an dem Centralisations-Princip den Kroaten die Entschliessung sehr erschweren, wenn nicht gar unmöglich machen, den Entschluss nämlich, die ferneren Geschicke ihrer Nation einem so wenig erprobten Schiffe anzuvertrauen, an dessen Steuer Männer stehen, deren Namen bei der kroatischen Nation kein Echo und kein Vertrauen wecken können.

Das Resultat wird also wahrscheinlich lauten: m i t U n g a r n!

Aber wie?! — —

Die alte Grundlage ist zerstört und unbrauchbar. — Das Jahr 1848 bildet eine Scheidewand zwischen Ungarn und Kroatien. Wer soll zuerst Hand anlegen um sie abzutragen? Wer soll zuerst sagen: i c h habe unrecht gehandelt? — Wir glauben, wollte Eins auf das Andere damit warten, die Verständigung käme spät, oder niemals zu Stande.

Wie wäre es also, wenn beide Theile für einen Augenblick annehmen wollten: k e i n Theil habe unrecht! Die Kroaten erkennen die ungarischen 1848er Gesetze als für Ungarn zu Recht bestehend an, und die Ungarn lassen die kroatischen Landtagsbeschlüsse vom Jahre 1848 für Kroatien gelten, und anerkennen damit das Recht der Kroaten, mit Ungarn zu pactiren. Damit ist die Basis, nach unserer Ansicht die einzig convenable Basis zur Verständigung gewonnen.

Die Ungarn würden dadurch ihrer so streng gewahrten Gesetzlichkeit nichts vergeben; denn es steht ihnen, wie bereits gesagt, kein Mittel zu Gebote, ihren 1848er Gesetzen in Kroatien sonst Geltung zu verschaffen oder die kroatischen 1848er Beschlüsse zu annulliren — ausser etwa die Gewalt?! — Doch es dürften sich wohl auch in Ungarn nur Wenige finden, die sich noch der Hoffnung hingeben würden, dass dieses Mittel, auf die Kroaten angewendet, diesmal zu dem gewünschten Ziele führen würde. —

Ungarn käme auf dem hier vorgeschlagenen Präliminarwege die Initiative zu, denn Ungarn ist unstreitig von beiden jetzt der stärkere Theil, und der stärkere Theil vergibt sich in einem solchen Falle nichts durch Nachgeben, was umgekehrt nicht der Fall ist.

Wäre auf diese Art die hier sehr wesentliche Präliminar-Basis zur Unterhandlung gewonnen, und das Recht Kroatiens mit Ungarn zu pactiren, von Seite des letzteren damit anerkannt, dann handelt es sich um die Grundlage der eigentlichen Unterhandlung selbst; es fragt sich: auf welcher Grundlage soll der neue Pact stipulirt werden?

Soll man auf das Jahr 1848, oder 1847, oder gar auf Koloman zurückgehen, wie Einige wollen? — Das Verhältniss vom J. 1847 und 1848 war die Ursache des Bruches, und das patriarchalische Kleid der ehrwürdigen Contrahenten vom Jahre des Heils 1100 würde ihren Enkeln des 19. Jahrhunderts voraussichtlich etwas unbequem passen und diese dürften gar bald eine neue Façon nothwendig finden.

Also nicht zurück — vorwärts soll man gehen; das ist wenigstens ·ere Ansicht, die wir in Allem und überall dem Forschritt huldigen.

Handelt es sich darum: ein dauerndes Bündniss auf fester, organischer Grundlage zu schliessen, dann liegt die Lösung dieser Frage in ihrer Natur selbst.

Die Frage ist: was hat den alten Verband gelöst?

Antwort: dieser Verband bekam Risse, weil er für die wachsenden Gleichberechtigungs-Ansprüche der mit den Magyaren verbundenen Völkerschaften zu knapp wurde.

Zweite Frage: waren diese Risse blos auf Seiten Kroatiens? Nein, sie kamen auch bei den Serben, den Slaven Nord-Ungarns und bei den Rumänen, und zwar sehr bedeutend, zum Vorschein.

Also: man gebe dem neuen Verbande eine solche Weite, dass er den berechtigten Ansprüchen und organischen Lebensformen der Völker, die dieser Verband umfassen soll, nicht wieder zu knapp werde.

Aber wo ist das Mass dafür?

In der Hand der Magyaren ist es.

Wir sind weit davon entfernt, von den Magyaren zu verlangen, dass sie auch nur ein Haarbreit von ihrem nationalen Rechte dem neuen Verbande zum Opfer bringen, dass sie ihre Nation weniger lieben, für die Entwickelung, Veredelung und Kräftigung ihrer Nationalität, für die Ausbildung und Cultur ihrer Sprache in der Wissenschaft, in der Schule und im öffentlichen Leben, für das Aufblühen ihrer Literatur, ihrer nationalen Kunstinstitute u. s. w. u. s. w. — dass sie für alle diese ihre Nationalinteressen weniger thätig sein, weniger leisten, weniger glühen und begeistert sein sollen; im Gegentheil wir wünschen und gönnen ihrer Nationalität und ihrer nationalen Cultur, wie auch jedem anderen Volke, das beste Gedeihen und allen nur möglichen Aufschwung.

Wir verlangen also von den Magyaren kein Opfer, keine Entsagung, keine Beeinträchtigung ihrer nationalen Freiheit und Berechtigung; wir wünschen nicht einen Rückschritt oder auch nur einen Stillstand ihrer nationalen Entwickelung; wir begreifen vollkommen und achten ihr nationales Selbstgefühl, ihre aufopfernde Hingebung und Begeisterung für das nationale Culturleben ihres Volkes, — ja wir bewundern dieses ihr Streben und Wirken, bewundern es so sehr, dass wir ihnen selbst aus allen Kräften nacheifern, dass wir sie uns zum Muster und Beispiel nehmen wollen.

Einen grösseren Beweis unserer Achtung und Werthschätzung können wir ihnen unmöglich geben, und die Magyaren müssen stolz darauf sein, anderen Völkern zum Vorbild zu dienen.

Die Magyaren müssen es aber begreiflich finden, dass was ihnen so werth und heilig ist, auch anderen Völkern werth und kostbar sein muss, Völkern, die ebenso wie die Magyaren von der ewigen Vorsehung die Begabung und das Recht erhalten haben als Völker neben anderen Völkern zu leben und sich zu entfalten; Völkern, denen ebenso wie den Magyaren das Pflichtgefühl und der unwiderstehliche Trieb in die Seele gepflanzt ist, die ihnen innewohnende bildende und schaffende Kraft zu entwickeln, sich in ihrer angebornen Natur auszubilden, zu veredeln und zu vervollkommnen, um einst vor dem ewigen Richterstuhle Rechenschaft darüber abzulegen, wie sie das Pfund verwerthet, das ihnen anvertraut worden. Den Magyaren muss es begreiflich erscheinen, dass, wenn die Cultivirung einer Sprache und Nationalität, die etwa 4 Millionen Seelen zählt, solcher Opfer und Anstrengungen werth erachtet wird, wie wir sie an den Magyaren bewundern, dass dies um somehr der Fall sein muss bei anderen Völkern, deren Stamm in Europa fester und tiefer wurzelt und seine

b

Aeste viel weiter ausbreitet, als wie der isolirte Volksstamm der Magyaren.

Wenn daher die Magyaren die nicht-magyarischen vernunft-begabten Mitbewohner der Erde nicht für Wesen untergeordneter Art halten, die auf Menschenrechte keinen Anspruch haben, wenn sie sich nicht dem tollen Wahnsinn hingeben, dass sie, die Ma-gyaren, von der Vorsehung die Bestimmung und das Vorrecht erhalten haben, sich auf Kosten anderer Völker auszubreiten und zu cultiviren, wenn sie sich nicht für eine von Gott besonders auserkorene und bevorzugte Menschenrace halten: dann müssen sie auch der übrigen nicht-magyarischen Menschheit, die neben ihnen ihre ererbten Wohnsitze hat, ebenso eine gedeihliche Selbst-entwickelung gönnen, wie wir sie ihnen innerhalb ihrer Wohnsitze aus vollem Herzen gönnen und wünschen.

Wollen sie es nicht, wollen sie ihr eigenes Volk bereichern und verherrlichen durch den Raub den sie an anderen Völkern begehen: dann haben sie sich selbst gerichtet und über ihr Volk den Fluch heraufbeschworen, der es über kurz oder lang verder-ben muss, den Fluch, den jedes Unrecht, jede Versündigung an den ewigen Geboten der Gottheit und der Natur in seinem Scohsse birgt.

Wir hoffen also von den Magyaren, da wir sie, so hoch wir auch ihr Selbstgefühl und ihren nationalen Stolz anschlagen, doch unmöglich für so verblendet, für so sehr eingenommen von einer verhängnissvollen fixen Idee halten können, dass sie den Lehren der Erfahrung und dem lauten Mahnruf ihres eigensten Interesses ganz und gar unzugänglich wären, — ja wir können von ihnen mit vollem Rechte verlangen, dass sie sich endlich dazu verstehen, dieselbe politisch-nationale Freiheit und Be-rechtigung, die sie für sich selbst in Anspruch nehmen,

auch auf die anderen Völker auszudehnen, die mit
ihnen denselben historischen Boden bewohnen, mit ihnen ein und
dasselbe Vaterland haben.

Sobald sich die Magyaren zu einem solchen Zugeständniss
entschliessen, ist die Grundlage und zugleich das wesentlichste Material für den neuen Verband gewonnen, und diese Grundlage ist:
die politisch-nationale Gleichberechtigung, mit derselben entsprechenden territorialen Abgrenzungen und der inneren
nationalen Autonomie aller Völker unter der ungarischen Krone.

Und zwar eine solche innere Autonomie denken wir uns,
durch welche nationale Conflicte und Reibungen möglichst verhütet würden, ohne dass dadurch die wesentlichen historischen
Grundlagen der ererbten gemeinsamen tausendjährigen Constitution erschüttert oder verrückt werden müssten.

Man wende uns nicht ein, dass die Magyaren zu einem
solchen Zugeständniss sich nicht verstehen werden und man es
von ihnen rechtlich auch nicht fordern könne, aus dem Grunde
nicht, weil sie die »souveräne Nation« in Ungarn sind. Die Geschichte kennt keine souveräne magyarische Nation, sie kennt wohl
ein constitutionell-freies poliglottes Königreich Ungarn, aber die
»magyarische Souveränität« ist eine Usurpation, gegen welche
die nicht-magyarischen Völker Ungarns fort und fort nachdrück-
lichst protestirt haben und so lange protestiren und sich wehren
werden, als dieser souveräne Schwindel in den Köpfen der magyarischen Hegemonen spucken wird.

Man wende nicht ein, die Magyaren seien die historisch-politische Nationalität Ungarns und ihre Suprematie sei aus diesem

Grunde eine berechtigte. All' die historische Dialectik, mit der man der Welt diese Phrase geläufig zu machen sucht, beweist nur, dass die historisch-politische Nationalität der Völker Ungarns in der lateinischen Sprache ihr neutrales Organ hatte, und dass die politische Nationalität der Magyaren in Ungarn gar zu jungen Datums ist, um sie als „historisch" geltend machen zu können.

Man wende uns nicht ein, dass die Magyaren desshalb nicht auf jenes Zugeständniss eingehen können, weil sie das geistig und intellectuell prävalirende Element in Ungarn sind. Gegen eine solche Berufung empört sich unser Gefühl, sträubt sich das Bewusstsein der nicht-magyarischen Völker Ungarns, dem widerspricht die Geschichte, das Leben, die tägliche Erfahrung — und selbst die hellsehenden Geister des magyarischen Volkes, wie wir später sehen werden, weisen eine solche Anmassung mit warnendem, prophetischem Ernste zurück.

Man wende uns nicht ein, dass die Verwirklichung unserer Idee eine Unmöglichkeit sei, desshalb unmöglich, weil die „aristokratische Natur" des magyarischen Volkes, wie die Phrase lautet, dem widerstrebt. Wir negiren absolut den aristokratischen Charakter des magyarischen Volkes. Das magyarische V o l k ist ein edles, tolerantes, loyales Volk, das sich mit seinen slavischen und romanischen Nachbarn sehr wohl verträgt, nirgends aggressiv, nirgends entnationalisirend gegen dieselben auftritt, vielmehr dem Einflusse der patriarchalischen Sitte dieser Völker, wo es immer mit ihnen in Familien-Verbindungen tritt, nicht widerstehen kann, in dieser Sitte, sich derselben assimilirend, häufig aufgeht, während man kaum Beispiele von dem entgegensetzten Fall an den Berührungspuncten dieser Völker antreffen wird. Wohl war das aristokratische Element, und zwar nicht blos das magyarische, son-

dern auch das slavische, das aristokratische Element in Ungarn
überhaupt der Träger, das Vehikel, der eigentliche Propagator
der Magyarisirungsidee, und es war es durch seinen blendenden
Glanz, durch seinen imponirenden Reichthum, durch seinen überwiegenden Einfluss, durch sein politisches Uebergewicht und durch die
magnetische, verführerische Anziehungskraft, die alle diese äusseren Vortheile und Vorzüge auf den Ehrgeiz, auf den Eigennutz,
auf das aufstrebende Talent, auf das Gemüth und die Phantasie
der Jugend mächtig ausübten. Nachdem das aristokratische Element dem Magyarismus zur Herrschaft in Ungarn verholfen,
wirkte die Anziehungskraft des letzteren selbstthätig fort durch
seine Exclusivität und dadurch, dass er, der Magyarismus, und
dieser allein die Bahn eröffnet und die Thüren aufschliesst zu
Aemtern, Würden und Ehrenstellen, in den Wirkungskreis des
öffentlichen Lebens und in alle jene Kreise und auf jedwedes Feld,
wo das Talent Anerkennung finden, wo der Ehrgeiz und der
Drang nach Auszeichnung befriedigt werden, kurz wo sich der
Mensch im bürgerlichen, socialen und öffentlichen Leben bemerk-
bar und geltend machen kann. So bemächtigte sich der Magyarismus grossentheils der Intelligenz des Landes und entzog den
anderen Völkern Ungarns ihre besten Kräfte, indem er an ihren
edelsten Säften sog und sich von ihrer frischen Lebenskraft nährte,
kräftigte, verjüngte. Nur die lautersten Geister, nur die edelsten
Genien dieser Völker verschmähten die reichen Gaben und widerstanden den verführerischen Reizen des Magyarismus und harrten
in treuer hingebender aufopfernder Liebe aus bei ihrem armen
von jenen erkünstelten Reizen umstrickten Volke, dem sie in frei-
williger Armuth ihr Leben weihten, mit dem reichen Born ihres
Herzens die Wurzeln ihres Stammes nährten und erfrischten,

damit er im Schatten des Magyarenthums nicht vollends ersterbe; sie waren es, die mit der reinen Gluth ihrer Seele die heilige Flamme der Heimatliebe in ihrem Volke unterhielten, die, nur mit den Waffen ihres Geistes ausgerüstet gegen den Riesen des Magyarismus kämpften, Schritt für Schritt gegen ihn ihr Terrain, das ererbte Gut ihres Stammes vertheidigend, dabei oft mit Noth und Leid jeder Art ringend, verkannt und verdächtigt, als Phantasten verhöhnt, als Apostel und Agenten fremder Ideen und Interessen auf den Pranger gestellt, als Verräther des Vaterlandes, als Feinde der Nation, d. h. des Magyarismus, gebrandmarkt und verfolgt, häufig als Verbannte flüchtig in der Fremde irrend — endlich sogar im Jahre 1848 dem Götzen des Magyarismus zum Opfer hingeschlachtet, mussten so manche dieser Märtyrer ihres Volkes auch noch den Henkertod erleiden, damit die Leidensgeschichte ihres Volkes erfüllt werde und der Same um so kräftiger aufgehe, den diese Märtyrer in ihrem Volke ausgestreut haben.

Man wende uns daher nicht ein, dass die nicht-magyarischen Völker Ungarns die Magyarisirung selbst wünschen und fördern, und in ihrem eigenen Interesse wünschen und fördern müssen. Man entkleide diesen Götzen des Magyarismus seines erborgten äusseren Staates, man nehme ihm den künstlichen Zauber, den er auf die Armuth, auf die Selbstsucht und auf die materiellen Vehikel des Lebens ausübt, man zeige ihn den Völkern in seiner eigentlichen, wahren Gestalt und lasse ihn nur durch seinen eigenen Werth, nur durch seine innere Kraft wirken, und man wird sehen wie sich die Haufen seiner Anbeter lichten werden.

Man wende uns nicht ein, unsere Idee sei unausführbar. Die Schweiz widerlegt diesen Einwurf.

Man wende nicht ein, die Durchführung der vollkommenen nationalen Gleichberechtigung könne die Freiheit gefährden und deren feste Grundlagen und Stützen erschüttern. Die Schweiz widerlegt es abermals.

Man wende nicht ein, ein solcher staatlicher Organismus müsse den Staat schwächen. Die Schweiz widerlegt es nochmals. Und dann, hat etwa der exclusive Magyarismus den Staat stark gemacht?

Aber die Schweiz ist eine Republik und Ungarn ist royalistisch.

Eben desshalb weil Ungarn royalistisch ist, durch und durch royalistisch, trotz der Schwärmerei einiger Hitzköpfe und ehrgeizigen Egoisten, eben desshalb weil das Königthum in Ungarn feste, tiefe Wurzeln hat, die so manchen Stürmen widerstanden und noch widerstehen werden, — eben desshalb ist eine solche Organisation auf national-gleichberechtigter Grundlage in Ungarn um so eher, um so dauernder, um so practischer durchführbar. Das national-neutrale Königthum, über alle Parteien und Nationalitäten erhaben, ist der geeignetste und allen Parteien gleich genehme Mittler und Richter zwischen den coordinirten nationalen Elementen, in Fällen, wo Conflicte und Reibungen zwischen denselben entstehen würden, — während in einer Republik ein hoher, ein so hoher Culturgrad, wie ihn Ungarn noch lange, sehr lange nicht erreichen wird, und eine Verallgemeinung der Rechtsbegriffe und des Rechtsgefühls, die der Denkart aller Bürger in Bezug auf die Solidarität der Völker- und Menschenrechte einen bestimmten unwandelbaren Charakter aufprägt, — während dieses und noch viel mehr dazu erforderlich ist, um eine Republik überhaupt nur bestehen zu machen, und in wie viel höherem Grade müssen alle diese Eigenschaften vorhanden sein, um die Rivalität der in einer Republik unmittelbar an einander stossenden verschiedenen nationalen Elemente zu neutralisiren.

Allerdings ist die Ausführung unserer Idee nicht so leicht, und wir wollen sie auch nicht so leicht darstellen.

Es ist schwer überhaupt und für jeden, der Herrschaft zu entsagen, und wie muss erst dem stolzen Sinn des Magyaren dieser Gedanke widerstreben. Es ist schwer von der erklommenen Höhe freiwillig herabzusteigen, der nationalen Grösse, in die man sich eingewiegt, zu entsagen, auf all' die geträumte Herrlichkeit des künftigen Magyarenreiches zu verzichten. Es gehört ein hoher Grad von Selbstüberwindung dazu, um aus dem prächtigen Herrenhause herauszutreten und sich unter diejenigen zu mischen, die man als seine Diener, als seine Handlanger betrachtet, ihnen die Bruderhand zu reichen, ihnen, die man weder achtet noch liebt, mit ihnen Freud und Leid zu theilen, mit ihnen wie Gleiches mit Gleichem zu verkehren, zu wirken, zusammenzuleben. Eine schwere Aufgabe fürwahr, und kaum sollte man es für möglich halten, dass man sich dazu entschliessen werde.

Aber die Nothwendigkeit ist eine Macht, die noch stärkeren Widerstand brach, — und die Selbsterhaltung ist ein Argument, das alle anderen niederschmettert.

Der Stolz der Magyaren ist, dächten wir, hinlänglich erschüttert worden, um sie dieser Wahrheit zugänglich zu machen.

Und dann, ist etwa der Gewinn nicht des Opfers werth?

Seht, was euch euere Bundesgenossen in die neue „Zadruga" oder Völkerfamilie mitbringen.

Der Kroat, der euch die Zrinji's gab, bringt seinen starken, bewehrten, kampfgeübten Arm, und die gestählte Brust, die den Gefahren trotzt, — er bringt euch mit seinen kühnen, kundigen Seefahrern das Meer, das euch die Welt erschliesst und ohne das euer Land keine Zukunft hat.

Der Serbe, der für euch so oft dem Türken die Stirne bot, bringt den kühnen thatkräftigen Unternehmungsgeist, gleich bewährt unter Mavors' wie unter Merkur's Fahnen, der vor keinem Wagniss zurückweicht und mit unwiderstehlicher Macht vorwärts strebt.

Der Romane, der Ungarn die Hunyady schenkte, bringt die entschlossene, ausdauernde, ernste, zähe Manneskraft, das Erbe des kernigen Alterthums, verjüngt durch den frischen Lebenssaft der Slaven.

Und der arme Sohn der Karpathen, der Ungarns Schule und Kirche hob, der ärmste unter den Brüdern an äusseren Schätzen und glänzenden Vorzügen, aber der reichste unter allen an den Schätzen des Gemüths, — er bringt euch den reinen Krystall seiner Sitte, das lautere Gold seiner Treue, die er in seinem arglosen Herzen wahrt, er bringt seinen Fleiss, seine emsige Thätigkeit sowohl im Schaffen des Geistes als wie in der Arbeit der Hände.

Und sie alle haben eine zahlreiche Verwandtschaft, die ihnen zu jeder Zeit hilfreiche Hand bietet; einige von ihnen haben reiche Erbschaft in Aussicht, die durchaus nicht zu verachten; und alle sind sie muthigen Herzens und von dem Entschlusse beseelt, das Gemeingut gegen jedweden Feind mit ihrem Leben zu vertheidigen.

Und alle diese Eigenschaften gepaart mit dem ritterlichen Sinn und der raschen resoluten That des kühnen Magyaren, und

dem übersprudelnden Ungestüm dieses kecken Heissporns die
Wage haltend, — welch' ein Bild geben diese Eigenschaften und
Kräfte von der Zukunft eines Landes, wo sie friedlich geeint im
harmonischen Zusammenwirken thätig wären, statt sich feindselig
an einander zu reiben, sich gegenseitig zu bekämpfen, einander
wechselseitig zu paralisiren.

Wie ganz anders würden sie, sobald einer von dem anderen
nichts zu fürchten hätte, einander ansehen, wie ganz anders einer
von dem anderen urtheilen, wie sich gegenseitig achten und lieben
lernen, da ihr gleichberechtigtes friedliches Zusammenleben mehr
die guten Seiten eines jeden von ihnen zum Vorschein bringen
würde, während die bisherige gegenseitige Anfeindung nur die
Schattenseiten an jedem hervorkehrt, Argwohn und Misstrauen
erzeugt, und den Nachbar dem Nachbar verhasst macht.

Und welch' ein Bollwerk wäre die also geeinte Kraft und
die Eintracht dieser Völker gegen jeden Feind der Freiheit
ihres gemeinsamen Vaterlandes! —

————

Und diese Völker die euch die Hand bieten zum brüderlichen Bunde, sie kommen zu euch nicht als arme Proletarier, deren
ihr euch in der europäischen Gesellschaft zu schämen hättet; im
Gegentheil sie sind die Sprossen alter erbgesessener mächtiger
Geschlechter und zählen sämmtlich mit zu dem ältesten Adel
Europa's, sie sind euch Magyaren vollkommen ebenbürtig; die
Sprache der Süd- und Nord-Slaven herrschte vom Throne herab
und fügte sich zu weisen Gesetzen, lange bevor das Ohr Europa's
den Laut euerer Sprache vernommen; diese ihre Sprache führt euch
einen Schatz zu, aus dem schon euere Vorfahren, als sie sich in

Europa häuslich einzurichten begannen, gerne den Stoff zu der neuen
europäischen Wirthschaft borgten; dieser Schatz hat sich seitdem gar
sehr vermehrt, und ihr werdet, seid ihr einmal wirklich unsere Brüder
und mit uns vertraut geworden, mit Staunen und Wohlgefallen
die herrlichen Perlen seiner Poesie bewundern, und das feste
blanke Metall, gewonnen aus den Tiefen der Forschung und ge-
stählt von der tausendjährigen Arbeit des Geistes. Und die
klangreiche Sprache des Romanen, die schmucke Tochter des
weltbeherrschenden Rom und der scythischen Amazone, sie entwickelt rasch und üppig ihre anmuthigen plastischen Formen, und
es ist die Zeit nicht fern, wo der braune Sohn des Álföld um
Daciens schöne Tochter feurig werben wird.

———

Aber bei alledem wird es Schwierigkeiten haben, und wir
unterschätzen diese keineswegs, bis ein Bundesbruder die Sprache
des anderen lernt. Dem Slaven besonders fällt es schwer das ihm
so fremdartige, wenn auch ausdrucksvolle und bildungsfähige
magyarische Idiom zu erlernen, und der freie Sohn der Pusta
lernt überhaupt nie t gern fremde Sprachen.

Aber dieselben Schwierigkeiten gab es auch in der Schweiz,
und das Leben, die Zeit, das gemeinsame Interesse hat sie über-
wunden.

Darum möchten wir auch in unserem slavisch-magyarisch-
romanischen Bundesstaate diese Aufgabe dem Leben, der Zeit und
dem gemeinsamen Interesse überlassen.

Kein Zwang und kein Drängen soll herrschen, keines soll
dem anderen bezüglich der Sprache Pflichten auferlegen, Termine
stellen, Gesetze vorschreiben, sich aufdrängen.

Wir haben die Erfahrung nicht weit hinter uns, wohin dieses führt, und diese Erfahrung soll uns als Warnung für alle Zeiten dienen.

Darum müsste man für den Anfang solche Einrichtungen treffen, durch welche Conflicte des nationalen Rechtes möglichst verhütet würden.

Jede Sprache soll innerhalb ihres genau begrenzten national-autonomen Territoriums die herrschende sein.

Wo fremde Enclaven in einem Territorium unvermeidlich sind, da soll das Recht der Minorität in der Unter- und Ober-Gemeinde gewahrt werden; die officielle Sprache des Territoriums sei aber die Sprache der Majorität.

Ein jedes Territorium sei bei den obersten Administrations-stellen sowie bei der gemeinsamen Regierung seinem Verhält-nisse zum Ganzen entsprechend durch seine nationalen Organe repräsentirt.

Keine Sprache gebe ein Vorrecht zur Bekleidung der neu-tralen oberen Würden und Aemter. Innerhalb der Territorien versteht sich aber die Bedingung der Sprache von selbst.

Die historischen Formen und Organe der einzelnen Natio-nalitäten seien gewahrt und respectirt in so fern, als sie das Recht der Anderen nicht beeinträchtigen, und in solange als sie der Geist der Zeit und der freie Wille der Betreffenden nicht selbst ab-streift oder dem vorwaltenden Interesse conform modificirt.

In der gemeinsamen Gesetzgebung sei das gleiche Recht einer jeden Bundessprache gewahrt und es ist mit Gewissheit anzunehmen, dass der Slave sowohl wie der Romane, im si-cheren und unbestreitbaren Besitz dieses seines Rech-tes, von demselben einen solchen Gebrauch machen wird, wie es seinem Interesse, das von der Sprache allein bei weitem nicht ganz absorbirt wird, zuträglich sein wird.

Derjenigen historischen Nationalität, die im Besitze des Rechtes eigener Gesetzgebung ist, sei dieses ihr Recht gewahrt in so fern, als sie es sich selbst wahren will, und in so lange bis sie selbst dieses ihr Recht mit der gemeinsamen Gesetzgebung, in derselben verlässliche Garantieen für ihre Nationalität erblickend, freiwillig zu theilen sich entschliesst.

Es gibt auch ausserdem noch gemeinsame und mächtige Interessen, die den Verband einer so gesonderten Nationalität mit der gemeinsamen Krone stark und kräftig machen.

Solche Interessen sind z. B. die gemeinsamen staatsrechtlichen Anliegen der ganzen historischen Krone, die Krönung und die damit verbundene Rechtswahrung, die allgemeinen Landesprivilegien, die Bestimmungen über Krongüter und Kronlehen, und andere an die gemeinsame Constitution geknüpften Rechte und Interessen, solche Interessen, welche der von äusseren Umständen etwa gebotene Wunsch nach deren möglichst kräftiger Verbürgung mit der Zeit noch mehr vergemeinsamen wird. Für jetzt aber muss der durch das bisherige Zusammenleben entstandenen Eifersucht der historischen Nationalitäten Rechnung getragen und es muss alles vermieden werden, was den Stachel derselben von Neuem herausfordern könnte.

Auf diese principiellen Grundlagen gestellt, überlasse man die übrige Arbeit und organische Entwickelung des regenerirten constitutionellen Bundesstaates, sich auch hier die ewige Natur und ihre Gesetze zum Vorbild und zur Richtschnur nehmend, dem Leben, der Zeit und dem mächtig und rastlos schaffenden Interesse.

Diese Factoren arbeiten gegenwärtig im Dienste der Menschheit und des Fortschritts mit einer Kraft und Raschheit, die im
Verhältniss steht zu der bewegenden Kraft des Dampfes und des
electrischen Fluidums, — und wenn nicht wir selbst, so werden
gewiss unsere Söhne es erleben, dass der Slave und Romane den
Magyaren, und der letztere uns beide anderen in der gemeinsamen Gesetzgebung verstehen, dass wir uns gegenseitig jeder in
seiner und wohl auch einer in des anderen Muttersprache verständlich machen können, und auch verständlich machen werden,
ohne sich dadurch etwas zu vergeben, ohne einen Schatten von
Furcht und Besorgniss, dass unserer Nationalität dadurch ein
Nachtheil erwachsen könnte.

Aber jene mächtigen Factoren die an der Entwicklung unseres verjüngten Bundesstaates rasch fördernd arbeiten würden,
wenn wir ihnen das Material dazu liefern, — sie zermalmen jeden,
der sich ihrer unwiderstehlichen Strömung entgegenstemmt, sie
werfen denjenigen bei Seite, der zögernd und rathlos hin- und
hertappt, — und die Natur, die v o r w ä r t s treibt, sie schlägt
jeden zu Boden, der ihr entgegen, der zurück geht. —

— — — —

Nun, ihr Rechtsmänner und Schriftgelehrten, rümpft nur die
Nase, setzt euere rostige Brille auf und schlagt immerhin nach
in euerem Corpus juris, was denn der alte Verböczy zu unserem
modernen Bundesstaat sagt. Ihr sucht vergebens darin, ihr werdet keinen Paragraphen, keinen Gesetzartikel vom Jahre so und
so, kein Decret und keine Resolution darin finden, die unsere
reformatorische Motion legalisiren, oder auch nur unterstützen
würde.

Es ist d a s L e b e n das zu euch spricht und an die Thüren
euerer Studierstuben und Versammlungssäle laut und vernehmlich
pocht, und wenn ihr ihm den Einlass verwehrt, wenn ihr euch
vor dem Leben verriegelt — es wird euch stehen lassen und
weiter ziehen, weiter und überall hin wo es immer Lebensfunken
findet, und mit diesen wird es sich verbinden, sich zur bele-
benden Gluth entzünden und die Herzen erwärmen und durch
diese unaufhaltsam wirken und schaffen, — und ihr mit euerem
Moder und eueren Paragraphen werdet es nicht ersticken.

Wisst ihr auch welchen Eindruck dieses euer krampfhafte
Anklammern an die morschen Paragraphe eueres Corpus juris
macht, dieses tendenziöse Festhalten an todten Formeln, denen
das Leben längst entwichen ? Wir wollen es euch sagen, in der Vor-
aussetzung, dass ihr uns unsere Offenheit nicht übel deutet. Es
macht den Eindruck, wie wenn ein Ertrinkender nach Stroh-
halmen hascht und sich an ihnen festhalten will. Aber die Stroh-
halme werden ihn nicht retten, wenn ihn nicht eine resolute Faust
gleichviel wenn auch bei den Haaren — packt und ihn mit einem
kräftigen Ruck herauszieht. Und hat der Mann auch Haare gelassen und Kopfschmerzen davon bekommen, es schadet ihm nicht,
die Hauptsache ist, dass er gerettet ist.

Und wisst ihr zu welchen Consequenzen es führt, wenn ihr
nur das gelten lassen wollt, nur das als berechtigt im Leben an-
erkennt, was in irgend einem Diplom oder Privilegium geschrieben steht, und wenn ihr alles mit affectirtem Hohne ignorirt, was
nicht historisch erwiesen ist ?

Es führt zu der Consequenz, dass wenn ihr es so fort auf
die Spitze treibt, den Kroaten es einmal noch einfallen könnte
euch zu interpelliren: kraft welchen Diploms ihr Magyaren denn

eigentlich nach Europa gekommen seid, und kraft welchen Privilegiums ihr da unter uns anderen europäischen Menschenkindern auf unsere Kosten solch eine lärmende Rolle spielen wollt? — Die Kroaten sind darin gegen euch im Vortheil. Denn sie können sich auf die „Regales" weiland Sr. orientalischen Majestät des Kaisers und einstigen Herrn und Gebieters dieser seiner „partium annexarum", Heraclius, berufen, allerhöchst welcher die Kroaten in ihre heutigen Wohnsitze berief und ihnen diese „partes" cedirte, sub clausula nota bene: wenn sie erst die unmanierlichen Avaren daraus vertrieben haben werden. Und authentisirt sind diese Regales durch Niemand Geringeren, als durch weiland Se. orthodoxe Majestät den Kaiser Constantin, zubenannt Porphyrogenetos, desshalb so genannt, weil er, wie übrigens auch andere seines Gleichen, im Purpur geboren oder was noch wahrscheinlicher, darin gewiegt worden war.

Fort also mit der Rabulisterei, ihre Sophismen und langathmigen Allegate passen schlecht in diesen ernsten Moment der Entscheidung, wo das Los von Völkern, wo die Zukunft des Landes in Frage und auf dem Spiele steht. Rettet aus euerem sehr ehrwürdigen Corpus juris, was für's Leben taugt, und das Uebrige werft zu den Todten. Gönnt dem seligen Verböczy seinen wohlverdienten Ruheplatz im Antiquitäten - Cabinet eueres Museums, er hat sich ihn durch seine langjährige Praxis ehrlich erdient.

Hinweg also mit haarspalterischen Spitzfindigkeiten und mit engherzigen Skrupeln, wo es sich um das Wohl oder Wehe von Generationen handelt, hinweg mit dem historischen Mottenfrass, hinweg mit Allem, was vom Zahn der Zeit zernagt und unbrauchbar geworden.

Der auf den Flügeln der Freiheit einherstürmende Geist der Zeit hat mit seinen zündenden Blitzen Bresche geschossen in die trotzigen Mauern und zackigen Zinnen euerer stolzen historischen Burg, er hat sie zur Ruine gemacht, als er den Mann f r e i erklärte, frei jeden Mann, wenn er auch kein Diplom, kein Privilegium und kein Adelspatent hat. Die Ruine lässt sich nicht halten, sie ist kein sicherer Schutz und Trutz für die Freiheit mehr.

Darum lasst ab von den mühseligen Reparaturen, mit denen nur die kostbare Zeit unnütz vergeudet wird. Baut aus dem soliden und brauchbaren Material der Ruine lieber ein n e u e s Haus, nicht dort oben auf steiler Höhe, wo die Adler horsten, aber neben ihnen auch die Uhus und die Nachteulen ihre Nester bauen, — sondern baut es lieber da unten mitten im Volke, wo das geschäftige Treiben des Lebens sich regt, und baut es ja hübsch bequem und geräumig, damit alle darin Platz haben, denen es Schutz und sichere Zuflucht gewähren soll, damit man sich darin nicht dränge und einander auf die Füsse trete, damit eines dem anderen nicht im Wege sei. Es muss auch das neue Haus durchaus nicht gar so prunkvoll und kostspielig sein, wie die alte Burg da oben, es genügt wenn es anständig und solid ist. Und auf Wälle und Warten und Thürme und Erker und all den Zickzack und Schnörkel könnt ihr ganz und gar die Kosten sparen, denn sicherer als wie hinter spitzen und starren Paragraphen-Pallisaden und hinter dem papiernen Damm von Privilegien und Diplomen, sicherer wird die Freiheit wohnen, wo sie die lebendige Brustwehr der Völker umgiebt, wenn diese Völker das Band der Bruderliebe umschlingt, wenn sich diese Völker frei fühlen und frei

c

sein wollen, wenn sie von einander nichts zu fürchten haben, wenn sie die gegenseitige Achtung ihrer angebornen Rechte stark macht, wenn gemeinsames Interesse ihre Kräfte in eine Kraft verschmilzt, — wenn sie einig, einig, einig sind!

Aber diese Einigkeit — das ist die Frage!

Die Einigkeit ist ein so seltenes Gut unter den Menschen und Völkern, sie ist eine so rare Blume, die meist nur der Sturm gemeinsamer Gefahr unter den Völkern momentan zur Blüthe bringt und die gewöhnlich, sowie das dräuende Gewitter sich verzogen, schnell wieder verblüht und welkt; es ist etwas so natürliches und wir sind es so sehr gewohnt an Menschen und Völkern, dass eins das andere beherrschen, auf Kosten des andern gross thun will; dass man es häufig vorzieht von fremdem Gut zu leben statt aus sich selbst und durch sich selbst sich zu erhalten, statt in christlicher Bruderliebe dem anderen zu gönnen was man sich selbst wünscht und dem Bruder nichts anzuthun was man an sich selbst nicht gerne erfahren möchte; wir stecken mit sammt unserer so gepriesenen Civilisation des 19. Jahrhunderts und trotz unserem Christenthum, das wir mit solchem Gepränge zur Schau tragen, wir stecken in Europa allesammt noch immer so tief in der rohen Barbarei des mittelalterlichen Faust- und Gewaltrechtes, dass wir an der Ausführbarkeit unserer Idee beinahe verzweifeln, dass wir sie selbst für ein Utopien, für ein Hirngespinnst, für ein solches Phantom halten müssten, wie sie etwa durch die Brille der Rabulistik angesehen auch wirklich erscheinen mag: wenn wir nicht mitten in Europa ein und das andere Beispiel sähen, das uns mit weithin leuchtender Schrift den Trost hinhält: dass unsere

Idee ausführbar, dass sie practisch, dass sie lebensfähig ist. Und gerade die Länder in Europa, wo diese Idee practisch durchgeführt ist, so klein sie auch sind, gehören zu den innerlich stärksten und solidesten Staaten der Welt, und die Völkerschaften, die in diesen Ländern im gleichberechtigten Bunde vereinigt frei zusammenleben, so wenig zahlreich sie auch sind, gehören zu den cultivirtesten, reichsten, ehrenhaftesten Nationen des Erdkreises, und ihr Staat steht an Blüthe, Gedeihen, Reichthum, Kraft und Festigkeit keinem anderen Staate nach auf dem Erdenrunde.

Die Idee der Gleichberechtigung practisch durchgeführt zwischen drei Völkerschaften, deren Stammgenossen sich ausserhalb des Schweizer Bundes Jahrhunderte lang als einander feindselige Elemente bekriegt und bekämpft haben, diese Idee hat ein armes Hirtenvolk in eine der best arrangirten Nationen der Erde umgewandelt, sie hat die wilden Schluchten und düsteren Thäler ihres Landes in ein Paradies umgeschaffen, sie hat dieses Land zu einem der industriösesten, der wohlhabendsten Länder der Erde gemacht, in dem Sinne dem wohlhabendsten Lande, weil dort, der Idee der Gleichberechtigung adäquat, der Wohlstand gleichmässiger unter den Söhnen des Landes vertheilt erscheint, während wir in anderen reichen Ländern, die nicht aus dem Princip der Gleichberechtigung organisch sich entwickelt haben, — häufig neben dem üppigsten Reichthum das nackte Elend der äussersten Armuth verschmachten sehen. — Diese Idee, die unter dem kalten Himmelstrich des dürftigen Nordens zwei freie Staaten unter einer und derselben Krone, zwei gleichberechtigte Völker zu einem brüderlichen Bunde vereinigt, hat auf Scandinaviens eisigen Gefilden und mitten in seinen finsteren Wäldern die Freiheit, den Wohlstand und die höchste Gesittung heimisch gemacht, — sie hat Länder, die

c *

der matte Strahl der nordischen Sonne nur durch einen Theil des Jahres bescheint während monatelang die Nacht des Winters vom Nordlicht geisterhaft erhellt sie bedeckt, die gleichberechtigte Freiheit hat dieses von Natur so arme, so dürftige Land auf eine solche Stufe der materiellen Wohlfahrt und der geistigen Cultur erhoben, dass es jedem Staate zum Muster dienen kann und keinen zu beneiden braucht; und in diesem Lande lebt ein biederes, kerniges, hochherziges, muthiges, gesittetes Volk, es lebt da inmitten der kargen Natur glücklich, zufrieden und wohlhabend, und sehnt sich zur Vervollständigung seiner Wohlfahrt weder nach den Segnungen der Republik, noch nach dem rauschenden Beifall der Welt, der den Schlachtenruhm des Eroberers begleitet.

Wahrlich der schlichte Kittel des norwegischen Bauers, unter dem ein zufriedenes, wahrhaft freies und rechtlich fühlendes Herz schlägt, er ist mehr werth, als all' der glitzernde und glänzende Flitterstaat, mit dem sich gewisse historische Individualitäten umgeben, und den die civilisirte Welt anstaunt und bewundert; weil ihr dieser Prunk und theatralische Aufputz eine Unterhaltung und Augenweide gewährt, die nichts kostet, — sollte sie aber daheim dafür die Kosten tragen oder auch nur für derlei Aufzüge beizutragen haben, sie würde wahrscheinlich auf all' die bunte Pracht gerne verzichten, möglich auch dagegen höflichst protestiren.

Wenn nun die Idee der gleichberechtigten Freiheit solche Wunder zu schaffen vermochte in Ländern, die von der Natur so stiefmütterlich bedacht worden sind, — was vermöchte sie erst zu schaffen aus dem herrlichen weiten Donauthale, das sich zwischen der Adria und den Karpathen ausbreitet, von den lebendigen Adern zahlreicher schiffbarer Flüsse durchzogen, von der Natur mit allem was zum selbständigen, unabhängigen Leben und

Gedeihen erforderlich, verschwenderisch ausgestattet, durch die Donau verbunden einerseits mit der blühenden Cultur des Westens, der ihm seine reichen und veredelnden Gaben bereitwillig zuführt, andererseits mit dem strotzenden Reichthum des Ostens, — und durch das adriatische Meer verbunden mit allen Völkern und Ländern des Erdballs, mit allen Häfen und Märkten der Welt, um den Ueberfluss des eigenen Landes zu verwerthen — was könnte aus diesem schönen, reichen, herrlichen Lande werden, wenn nicht ein herrschsüchtiges Volk darin auf Kosten der anderen sich breit machen, und dadurch dieses gesegnete Land in einen Tummelplatz der wilden Leidenschaft, der erbitterten Nothwehr und des aufreibenden Völkerzwists machen würde! —

Wo ein Nachbar auf Kosten des anderen leben und sich bereichern will, da tritt zwischen Menschen und Völkern der permanente Kriegszustand ein, und die Kräfte die einander hilfreich nach dem obersten Gebot der Christenlehre unterstützen sollten, sie werden in Kämpfen und Reibungen vergeudet. In einem solchen Zustande ist es die Pflicht der Selbsterhaltung und das unabweisbare Interesse eines jeden, sich gegen den gefährlichen Nachbar nach Kräften zu schützen und zu wahren, alles und jedes zu benützen, was gegen den gefürchteten Nachbar zur Schutzwehr dienen kann. Im Kriegszustande wird von dem gewissenhaften Strategen jede noch so verfallene Mauer, jeder Steinhaufen, jeder Busch, es wird von ihm alles benützt, was ihm eine Deckung und einen Anhaltspunct gewährt, wenn es auch an sich nichts zu bedeuten hat und im normalen Zustande kaum der Beachtung werth erachtet wird,—und es wäre in einem solchen Zustande todeswürdiger Verrath, wenn jemand dem Feinde auch nur ein Fussbreit vom innegehabten Terrain, oder auch nur einen gebrechlichen Zaun von der strategischen Stellung seiner Partei in die Hände spielen würde.

In einem solchen Falle sind die nicht-magyarischen Völker Ungarns, namentlich aber die Kroaten den Magyaren gegenüber. Jedes von ihnen benützt was es benützen kann, um sein Eigen zu schützen und zu vertheidigen. Ein jedes geschriebene Recht, jedes Privilegium, jedes vergilbte Stück Pergament hat da seinen Werth, und es wäre Wahnsinn von den Kroaten zu verlangen, dass sie etwas davon freiwillig ausliefern, auf ihre günstige Position Verzicht leisten sollen, so lange sie sich vor dem Feinde nicht sicher fühlen.

Wenn wir auch einen sehr hohen Werth legen auf die historischen Erinnerungen und Ueberlieferungen, auf die eine Nation, die eine ruhmvolle Vergangenheit hat, mit vollem Recht stolz sein kann, und aus denen sie das mächtige patriotische Gefühl und das Selbstbewusstsein schöpft, welches der ganzen Nation den Typus ihrer eigenthümlichen Individualität aufprägt; wenn wir auch solche erhebenden Ueberlieferungen als ein kostbares Vermächtniss unserer Väter, als den heiligen Quell betrachten, in welchem sich der Charakter der Nation getreu abspiegelt und aus welchem noch die späteste Nachkommenschaft die Begeisterung schöpft, die sie zu edlen Thaten und zur würdigen Nacheiferung ihrer hochherzigen Ahnen anspornen soll; wenn wir uns auch nicht entschliessen und es keineswegs billigen können, dass die von den Voreltern überkommenen ehrwürdigen und lebenskräftigen Institutionen und organischen Einrichtungen blindlings aufgeopfert, in ungestümer Neuerungssucht hinweggeräumt werden sollen, indem wir entschieden die Ansicht vertheidigen, dass

dasjenige was organisch und lebenskräftig in den Sitten und Ge-
wohnheiten, im Charakter und in der Geschichte des Volkes tiefe
und kräftige Wurzeln hat, dass alle solche ererbten Vermächt-
nisse der Vorzeit und gesunden Triebe des nationalen Organismus heilig zu halten und sorgsam zu pflegen sind: so sind wir
doch andererseits weit davon entfernt, dasjenige, was sich überlebt
hat, was verdorrt und erstorben, was morsch und vermodert ist, dem
frischen Lebensbaume unserer Generation mit Gewalt aufpfropfen,
daran desshalb festhalten zu wollen, weil es der historische Nimbus
umgibt und weil der Rost der Zeit es ehrwürdig macht.

Man thut daher den Kroaten unrecht wenn man ihnen vor-
wirft, dass sie auf ihre historischen Separatrechte zu viel Gewicht
legen. Sie thun es nicht, weil sie diesen ihren Vorrechten etwa
mehr Werth beilegen, als wie denjenigen Rechten, die allen
Menschen von Gott und der Natur zukommen und ein Gemeingut Aller sind, sondern sie thun es desshalb und insofern, als
ihnen ihre historischen Vorrechte als Damm und Schutzwehr dienen
gegen den aggressiven Nachbar, und Niemand kann es ihnen ver-
argen, wenn sie sich hinter diesen Wällen und mit solchen Waffen
so lange wehren, bis der übermüthige Nachbar entweder zur Besinnung kommt, oder aber das Verhängniss an ihm erfüllt wird,
das er über sich heraufbeschwört. Denn wer an das Argument
der Stärke appellirt, muss darauf gefasst sein, dass dieses Argument einmal auch gegen ihn angewendet werden kann.

Die Serben namentlich haben unrecht, wenn sie den Kroaten daraus einen Vorwurf machen, dass sie, die Kroaten, an ihrer
historisch bevorzugten Stellung festhalten, an einer Stellung, die auch
den Serben bei richtiger Auffassung der Verhältnisse sehr wohl zu
Statten kommen könnte. Diejenigen aber unter den Serben, die

in der energischen Wahrung dieser bevorzugten Stellung auf kroatischer Seite auf südslavische Hegemoniegelüste erblicken, geben sich einer argen Täuschung hin, die ihnen selbst theuer zu stehen kommen könnte. Denn die Serben würden es einst wahrscheinlich zu bereuen haben, wenn sie in einer solchen Auffassung der momentanen Interessen und Verhältnisse es unterlassen würden, aus der günstigen Position der Kroaten bei der Formulirung ihrer künftigen staatsrechtlichen Stellung zu Ungarn für sich Vortheile zu ziehen. — Uebrigens es wäre nicht das erstemal, dass dem thatkräftigen Volke der Serben, gerade wie den Achaiern vor Troja, die Aufgabe zufallen könnte, das was ihre Politiker versündigt haben, — auf andere Weise wieder gutzumachen.

Man misskennt in Ungarn die Politik der Kroaten ganz und gar, oder man schiebt ihnen absichtlich Motive zu die ihnen fremd sind, indem man das Einstehen der Kroaten für die Slaven Ungarns so deutet, als ob die Kroaten dadurch gegen Ungarn den machiavellistischen Grundsatz in Anwendung bringen wollten, der da lehrt: dass, um seinem Gegner recht empfindlich zu schaden, man sich in seine inneren Angelegenheiten mischen und in seinem eigenen Hause ihm Verlegenheiten bereiten solle.

Indem die Kroaten von ihrer festen Warte aus die Interessen der nicht-magyarischen Völker und namentlich der Slaven Ungarns wahrnehmen und für dieselben ihr Wort erheben, handeln sie jedenfalls nur im wohlerfassten Interesse des Gleichberechtigungs-Princips, welchem Princip sie sich seit jeher zuneigen, und dessen erste Consequenz die Solidarität der innerhalb des Staatsverbandes unterdrückten und gefährdeten nationalen Interessen ist.

Man sollte in Ungarn, bevor man den Kroaten aus ihrem solidarischen Vorgehen einen solchen Vorwurf macht, darauf reflectiren, welche Folgen es einst für Kroatien haben könnte, wenn es, momentanen Rücksichten nachgebend oder nur seinen unmittelbaren Vortheil im Auge behaltend, bewogen werden könnte, sein Interesse zu isoliren, sich der wechselseitigen solidarischen Assecuranz zu begeben, dem Princip der Gleichberechtigung untreu zu werden.

Man wird es in Ungarn ebenso wie anderwärts begreifen, dass das historische Recht nur so lange eine Schutzwehr bietet, als man es selbst vertheidigen kann, während das Princip der Gleichberechtigung, alle Interessenten unter derselben Fahne vereinigend, das Recht und das Interesse Aller unter eine solidarische Bürgschaft stellt, es zum Gemeingut Aller macht, welches Gut dann einem Jeden auch in solchen Fällen verbürgt und gesichert bleibt, wenn einer oder der andere Interessent in die Lage käme, einer gegen ihn concentrirten Gewalt oder Potenz momentan weichen zu müssen.

Dagegen könnten die Kroaten den Vorwurf unberechtigter innerer Einmischung, den man ihnen so ungerecht zuschiebt, mit weit grösserem Grund und Rechte den Magyaren zurückschieben. Denn wenn die Magyaren ihr Wühlen auf kroatischem Boden, ihre Einmischung in Fiume zum Beispiel, rechtfertigen sollten, sie könnten sich auf kein so freisinniges, edles und humanes Princip berufen, wie es das Princip der Gleichberechtigung auf Seite der Kroaten ist.

Und die anderen Slaven in Oesterreich?

Ist das also die so viel gepriesene Treue der Kroaten, ist das ihr so ausgeschriener slavischer Patriotismus? Seht ihr Slaven Oesterreichs, die Kroaten lassen euch in Stich, und sie gehen zu Ungarn über, zu Ungarn, über das sie die Welt mit Klagen erfüllen!

In der That ihr unsere Brüder, ihr deutsch-slavischen oder slavisch-deutschen Brüder in Oesterreich, wie kommt denn ihr zu der Ehre, zum erstenmale unseres Wissens in Oesterreich zu der Ehre, euere slavische Nationalität von offizieller Seite geltend gemacht zu sehen und den anderen Brüdern als eine Art Lockspeise vorgehalten zu werden?!

Die Kroaten ihrerseits bedanken sich für die unverhoffte Auszeichnung, dass man von einer Seite, wo man bisher so etwas nicht gewohnt war, auf ihren slavischen Patriotismus appellirt, und sie können die gewiss aufrichtig gemeinte Versicherung von sich geben, dass sie, die Kroaten, alles was nur in ihren Kräften steht thun werden, um ihren slavischen Patriotismus, den man nun so schmeichelhaft für sie hervorhebt, auch in der Zukunft zu bethätigen und sich der hohen Meinung, die man von ihnen hegt, würdig zu machen.

Mit ausnehmendem Vergnügen constatiren wir die Thatsache, dass unser würdige Kollár seine Jünger und Apostel nun auch in Kreisen gefunden, wo er sie jemals zu finden in seinem Leben gewiss nicht gehofft hat, und wiederholt geben wir unsererseits die beruhigende Versicherung, dass wir der Idee der slavischen Wechselseitigkeit unter keinen Umständen untreu zu werden gedenken. Nur wird man zugeben müssen, dass wir, die wir im Dienste dieser Idee seit Decennien arbeiten, mit dem Geiste und der Natur derselben jedenfalls besser vertraut sind als wie ihre

hohen Jünger von gestern, und wenn wir daher zur Geltendmachung der slavischen Wechselseitigkeitsidee andere, vielleicht sogar
ganz entgegensetzte Wege einschlagen werden, als welche uns
ihre neuen distinguirten Jünger so angelegentlich empfehlen, so
geschieht das nicht etwa desshalb, dass wir unsere Schritte von
dem Pfade ablenken wollten, auf welchem uns der helle Stern
dieser Idee voranleuchtet, sondern wir schlagen unsere besonderen
Pfade ein in der festen Ueberzeugung, dass diese zum Ziele und
zum Siege dieser unserer Idee sicherer führen werden, als diejenigen Pfade, die man uns empfiehlt.

Wir haben gesehen, dass die offiziellen Propagatoren der
slavischen Wechselseitigkeit, die man seit zehn Jahren so auf-
merksam und gefällig war uns ins Land zu schicken, und zwar
noch dazu einen jeden von ihnen mit der äusserst vorsorglich in
bester Form ausgestellten und patentirten Beglaubigung, dass
der Betreffende „der südslavischen oder einer derselben verwand-
ten Sprache mächtig ist“, — dass diese offiziellen Apostel der
slavischen Wechselseitigkeit, dieser Idee bei uns schlechte Dienste
geleistet haben, und wir haben nicht den Eigendünkel um uns
einzubilden, dass wir dieser Idee besser zu dienen im Stande
wären, wenn wir uns der offiziellen Propaganda derselben weihen
würden. Man wolle es uns daher nicht übel nehmen, wenn wir die
Idee der slavischen Wechselseitigkeit so auslegen, dass ihre Aufgabe darin besteht, dasjenige, was in den Eigenheiten und Er-
rungenschaften der einzelnen Slavenstämme den allgemeinen Interessen der Menschheit, — der Freiheit und der Humanität —
besonders förderlich ist, auch auf die anderen slavischen Brüder
möglichst auszudehnen, und nicht umgekehrt, die Schäden und
Gebrechen einzelner Slavenstämme zum Gemeingut auch der übri-

gen Slaven zu machen. — Nach solchen Erklärungen und Erläuterungen unsererseits wird man hoffentlich in den um unsere slavische Wechselseitigkeit besorgten Kreisen in dieser Beziehung beruhigt sein.

Sonst, wenn besorgte Väter die Freier ins Haus rufen, sorgen sie wenigstens dafür, dass der Staat ihrer Töchter möglichst in Ordnung, dass sie gewaschen und gekämmt seien; auch rufen sie die Freier nicht ins Haus, wenn die Braut Zahnweh und geschwollene Wangen hat, oder wenn Zank im Hause ist, denn das könnte den Freier abschrecken, in ein solches Haus hineinzuheiraten.

Wahrlich man hätte kein unglücklicheres Argument finden können, um die Kroaten für das centralistische Deutsch-Oesterreich zu gewinnen, und kein besseres Argument, um sie Ungarn zuzuwenden, als es dieser Appell an die Slaven Deutsch-Oesterreichs ist.

Und man hätte keinen geeigneteren Zeitpunct wählen können, um dieses Argument ja recht wirksam zu machen, als den jetzigen, wo die Nord- und Südslaven Deutsch-Oesterreichs vergebliche Anstrengungen machen, um sich dem künstlich geflochtenen Netze zu entwinden, das ihnen die centralistische Politik der deutschen Staatsmänner Oesterreichs umgeworfen hat, um dadurch die Wünsche und berechtigten Ansprüche der Slaven Oesterreichs lahm zu legen, und doch vor der Welt den constitutionell-liberalen Anstrich zu wahren. Wir hören ihren Nothschrei, wir hören sie vergeblich protestiren, — und in diesem Augenblicke wagt man uns zuzurufen: wollt ihr denn Kroaten euere slavischen Brüder in Deutsch-Oesterreich verlassen? —

Nein wir wollen sie nicht verlassen, sondern wir wollen auch in ihrem Interesse mit aller Entschlossenheit und Kraft, deren wir fähig sind, eine Position wahren, die unseren Brüdern drüben als Reserve dienen soll.

Und vollends unsere nächsten slavischen Brüder und Nachbarn in Oesterreich, das Blut von unserem Blute, der Zweig von unserem Stamme — die S l o v e n e n in Krain, Steiermark, Kärnthen, Istrien, Görz und Gradiska und wir alle diese historischen Pygmäen-Individualitäten noch heissen mögen, in die man das Volk der Slovenen zertheilt hat — was habt ihr, was hat euere unselige Politik aus diesem Volke gemacht! — Wie lange wird es brauchen, bis die Taufe der südslavischen Idee dieses verwahrloste Volk von den Schlacken befreien und von dem Roste reinigen wird, der sich an dieses beweinenswerthe Volk in den Fesseln der deutschen Centralisation angesetzt hat! Wahrlich in einer unglücklichen Stunde habt ihr uns dieses traurige Meisterwerk euerer Politik zum Beispiel vorgehalten, um uns damit unsere eigene Zukunft in getreuem Spiegel zu zeigen, unsere Zukunft, wenn wir euren Lockungen folgen wollten, — und das Zittern unserer Hand und das Klopfen unseres Herzens gemahnt uns von diesem Thema abzubrechen, denn sonst würde unser Wort zu einer Anklage anschwellen, zu einer furchtbaren Anklage gegen euch Centralisten, vor welcher Anklage euer Herz erbeben müsste, und wenn dieses Herz von Stein wäre. —

Und die D e u t s c h e n?

Auch für sie ist Platz und Raum in unserem gleichberechtigten Bundesstaate, und wahrlich die Deutschen sollen darin unter den vereinigten Bundes-Völkern nicht die letzten sein. Die Deutschen als Brüder sollen uns eben so willkommen sein, als sie uns verhasst sind, wenn sie unsere Herren und Zuchtmeister sein wollen. Die Deutschen als unsere gleichberechtigten Brüder sollen unter uns denjenigen Ehrenplatz einnehmen, der ihrer Cultur und ihrem hohen Bildungsgrade von rechtswegen gebührt. Die grossen Denker und Genien ihrer Nation sollen an uns ihre warmen Verehrer finden, und wir wollen gerne und eifrig von ihnen lernen, wie damals, als wir von den Deutschen und ihrer forcirten „Mission des Ostens" nichts zu fürchten und — nicht zu dulden hatten.

Und Oesterreich?

Man sieht aus diesen Blättern und aus dem ganzen Buche, dass nicht Schwärmerei es ist, welche uns zu Ungarn treibt. Trotz all' den Phrasen von der achthundertjährigen Liebschaft war das Verhältniss der Kroaten zu den Magyaren nie gar so zärtlicher Natur, dass es sentimentale Gefühle in ihnen zurückgelassen hätte. Mit einem Worte: es ist das Interesse, welches uns mit Ungarn verbindet, wie überall, wo Völker sich zu einem Bunde einen, das gemeinsame Interesse es ist, welches sie vereinigt. Das gemeinsame Interesse gegen die Gefahr der deutschen Centralisation wird den Anschluss Kroatiens an Ungarn zu Stande bringen, und es hat diesen Anschluss bereits zu Stande gebracht. Auf der einen Seite der entnervende, tödtliche Hauch der Centralisation, — auf der anderen wahrscheinlich neuer Kampf — da kann für den Kroaten die Wahl nicht schwer, da kann sie keinen Augenblick zweifelhaft sein. — Kommen die Magyaren zur Besinnung und können sie sich entschliessen, das Heft der angemassten Herrschaft aus der Hand zu geben, und ihre politischen und nationalen Rechte mit den Kroaten und den

anderen Völkern Ungarns zu theilen, den Grundsatz der Gleichberechtigung anzuerkennen und zur Ausführung gelangen zu lassen:
dann wird sich unter der gemeinsamen Krone Ungarns rasch und
mächtig ein starker, gesunder Staatsorganismus, ein gleichberech-
tigter, von der Natur begünstigter und auch von göttlichen Gesetzen geheiligter Völkerbund entwickeln, der durch seine naturgemässen Organe auf den Lebenstrieb der benachbarten verwand-
ten Völker magnetisch anziehend, belebend, unwiderstehlich wirken, ihr natürliches Streben und Ringen nach nationaler Freiheit
und Emancipation nähren, electrisiren, ausdehnen und so poten-
ciren wird, bis dieses naturgemässe Wachsen und Ausbreiten der
Volkskraft endlich den eisernen Ring brechen und sprengen wird,
den verhängnissvollen Zauberring, der Oesterreichs gewaltige
Völkerkraft umspannt und gelähmt niederhält. Oesterreich von
diesem Zauber befreit wird von dem Jahrhunderte langen Alp-
druck der auf ihm lastete, frei aufathmen, es wird seine gesunde
Stütze, seinen natürlichen S c h w e r p u n c t i n s i c h s e l b s t
f i n d e n, die unheilvollen Zuckungen und Schwankungen, die den
Staat hin und her schaukelten, ihm nicht zur Ruhe, nicht zur
Festigkeit gelangen liessen, diese Schwankungen werden aufhören,
und Oesterreich wird dann erst ein wahrhaft starker und grosser,
ein e i n i g e r Staat werden, e i n i g durch die beglückende Eini-
gung seiner Völker, die in diesem Staate die Befriedigung ihrer
Wünsche und Ansprüche finden werden, — und das erlauchte
Fürstenhaus, das sich Ungarn, Kroatien, — das sich die Völker Oesterreichs zum Herrscher auserkoren, es wird dann über
glückliche, zufriedene, und weil glücklich und zufrieden — über
wahrhaft und mit Liebe ergebene Völker herrschen.

Die nationalen Ideen und Bestrebungen werden dann aufhören für Oesterreich eine Gefahr und eine ewige Verlegenheit, eine immer offene Wunde zu sein, sie werden vielmehr, jemehr sie sich entwickeln und thätig sein werden, um so segenreicher für den Staat, für sein Gedeihen und sein Erstarken wirken, weil sie in diesem Staate ihre volle Befriedigung, ihr Centrum, ihren Focus finden werden, — und nach aussen werden sie nur a n - z i e h e n d wirken, und nicht a n g e z o g e n werden. Denn wenn der freie Italiener der Schweiz nicht von der mächtigen Anziehungskraft der glanzvollen Sonne Italiens, wenn der französische Schweizer nicht von dem blendenden Glorienschein der Macht und der Grösse Frankreichs, wenn der deutsche Sohn der Urkantone nicht von den Millionen seiner Stammgenossen nach aussen angezogen wird, und nicht daran denkt sich mit denselben staatlich zu verbinden, desshalb nicht daran denkt, weil er in seinem freien und gleichberechtigten Vaterlande die volle Befriedigung seiner menschlichen und nationalen Rechte und Ansprüche findet und weil ihm sein Vaterland diese seine Rechte durch das anerkannte Princip der Gleichberechtigung verbürgt: um wie viel weniger wird der freie gleichberechtigte und befriedigte Slave oder Romane des regenerirten, gesegneten, civilisirten Oesterreich von seinen auswärtigen mit der rohen Barbarei ringenden Stammgenossen, oder gar von den Reizen des fernen Nordens dadurch angezogen werden, dass Millionen seiner Stammverwandten dort wohnen.

Oesterreich — hartgeprüfter, vielgetäuschter, oftverrathener Staat! Vergebens suchst Du Hilfe ausser Dir, Du kannst nur i n Dir Hilfe finden, denn nur demjenigen wird geholfen, der sich selbst zu helfen vermag; Du stütztest Dich auf alte Verträge, aber diese Stütze brach unter Dir zusammen, denn sie war morsch und faul geworden, der Hauch der Zeit hat sie zu Staub verwandelt; Du verliessest Dich auf Deinen besten Freund und Bundesbruder draussen, dem Du Dich immer so grossherzig und edelmüthig gezeigt, dem Du so manche Wohlthat erwiesen, und dieser Freund verliess Dich, wandte sich ab von Dir in den Tagen der Noth; Du erschienst bedrängt und hilfebedürftig an der Schwelle Derjenigen, denen Du Dich als ein grossmüthiger Beschützer, als gütiger Vater erwiesen, und denen zu Liebe Du die eigene Familie vernachlässigt hast; aber Deine Lieblinge draussen hatten nur Brosamen für Dich, wo Du nach einer That verlangtest, oder sie wiesen Dich höhnisch zurück; Du riefst die Hilfe Derjenigen an, denen Du ein treuer Nachbar warst in den Zeiten der Gefahr, aber Du fandest nur kalte und frostige Aufnahme, denn sie alle, alle, alle bestimmt und leitet nur das eigene Interesse, und das Interesse verbindet sich nur mit demjenigen, der kräftig und stark, und flieht vor jedem, der ihm keine Vortheile zu bieten vermag; Du bautes auf Treu und Glauben, und Du fandest Dich betrogen; Du rangst und kämpftest gegen Dasjenige, was leben wollte und leben will, und der electrische Rückschlag des Lebens hatte Dich betäubt; vergebens stützest Du Dich bald auf das eine, bald auf das andere Deiner Glieder, Du entziehst damit nur den anderen die Lebenskraft und verlierst dadurch selbst das Gleichgewicht; und Du Staat voll Glauben und Enttäuschung, Du willst noch Andere stützen, wo Du selbst der Stütze bedarfst, Du willst noch Anderen helfen, wo Du so sehr selbst der Hilfe bedürftig bist, willst helfen und schützen, was tiefinnerlich krank und dem Tode verfallen, willst retten, was der Auflösung entgegengeht; aber die Berührung des Siechthums und des Todes,

d

sie macht nicht gesund und stark, diese Berührung bringt Krankheit, — vielleicht den Tod! Nicht mit dem Tode, nicht mit dem Siechthum verbinde Dich, verbinde Dich mit dem Leben, nur das Leben bringt Hilfe und Rettung, nur das Leben macht gesund und stark. Die Idee der Gleichberechtigung ist das Leben, sie wird Dich verjüngen, sie wird Dich gesund und kräftig machen, sie wird für Dich in den Kampf gehen gegen Diejenigen, die sich schadenfroh um Dich scharen, um Dich zu zertrümmern, um Dich zu beerben. Alles hast Du versucht, und alles hat Dich in Stich gelassen, — versuch es nun mit Dir selbst, versuch es mit der Kraft Deiner Völker, versuch es mit der Idee der Gleichberechtigung, und diese Idee wird Dich retten und Dir helfen, sie wird Dich frei und gross und mächtig machen, wie sie selbst frei, gross und mächtig ist. Diese Idee wird zu einem „Moriamur" der Völker werden für Denjenigen, dessen Seele so gross und human ist, um diese Idee zu erfassen und ihr zur Geltung zu verhelfen, — und sollte sich diesem grossen Unternehmen der Trotz der Selbstsucht und des Dünkels entgegenstemmen, diese Idee wird zu einem reissenden Strom, zu einer Lawine werden, und den Verwegenen hinwegschwemmen, ihn zermalmen! —

———

Wie aber, wenn die Idee der Gleichberechtigung weder in Oesterreich, noch in Ungarn Einlass findet? —

So wenig wie die Kroaten politische Schwärmerei zu Ungarn hintreibt, ebenso wenig ist es auf Seite der Magyaren die historische Gefühlspolitik, welche ihnen den Anschluss Kroatiens wünschenswerth macht. Es ist wiederum wie überall das Interesse, das materielle und staatliche Interesse, welches sich hier unabweisbar geltend macht. Ja wir trauen unserem chevaleresquen Nachbar so wenig eine sentimentale Neigung für die Dame Kroatia zu, wir verlassen uns so wenig auf seine historischen Liebesversicherungen und erwarten so wenig von diesem zärtlichen Pathos der benachbarten historisch-politischen Individualität, dass wir uns vielmehr zu der Ansicht hinneigen, unser ritterliche Bräutigam da drüben — so grossen Werth die blanke Kroaten-Waffe für ihn auch haben mag, — dass er sich trotzdem durch das Sprödethun der etwas wilden Braut bewogen sehen könnte, die mühsame Werbung endlich ganz und gar aufzugeben, ja er würde wahrscheinlich lieber einen Cordon an der Drave ziehen, um nur endlich von uns Ruhe zu haben — wenn nicht die reiche Aussteuer wäre.

Aber das Meer — welche Schätze, welche Kostbarkeiten, welchen Reichthum bringt es mit für die Nachkommenschaft und für alle künftigen Geschlechter!

Es ist also eine Interessen-Heirath.

Der reichen Aussteuer zu lieb wird man sich bequemen der trotzigen Braut manche Zugeständnisse zu machen, die man sonst nicht so leicht gewähren würde.

Andererseits: Wir haben gezeigt und jeder der gesunde Augen und Ohren hat kann sich davon täglich überzeugen, dass die, der deutschen Politik so räthselhafte Kraft, welche die Kroaten zu Ungarn treibt, in der abstossenden Wirkung des Centralisationssystems liegt. Daraus folgt, dass in demselben Grade, als diese Kraft sich äussert, ihre abstossende Wirkung auf Kroatien sich steigern muss. Die einfache Folge davon ist: dass die Kroaten ihre Forderungen, die sie Ungarn für den Anschluss zu stellen im

Begriffe sind, darnach modificiren dürften, je nachdem sich ihnen die Gefahr von Seite der Centralisation darstellen wird.

Unsere Nachbarn jenseits der Drave sind eben auch keine solche Neulinge noch auch Idealisten in der Politik, dass man sich der Hoffnung hingeben könnte, sie werden aus diesen Reagentien für sich keinen Nutzen ziehen wollen.

Es könnte daher geschehen, dass die Kroaten das Maass ihrer Ansprüche je nach Umständen vielleicht sogar bis auf das historische Quantum derselben, allenfalls mit Einbeziehung des 1848er Jahres zu reduciren bewogen werden könnten.

Auch dürften sich voraussichtlich bei den diesfälligen Unterhandlungen sonst noch Interessen anderer untergeordneter Art geltend zu machen suchen, wie das überhaupt bei Menschenwerken und bei der menschlichen Natur nicht anders denkbar ist.

Nehmen wir also an, die Kroaten gehen bis auf das historische Maass zurück, und lassen die solidarische Politik der Gleichberechtigung in Stich. Sie beschränken sich auf die möglichste Sicherung ihrer Sonderinteressen, und treten in einen, gleichviel wie formulirten, Verband — nicht mit dem gleichberechtigten Ungarn der vorigen Jahrhunderte, sondern mit dem modernen magyarischen Ungarn ein.

Gesetzt also, die Kroaten wären befriedigt und mit Ungarn bis auf weiteres wieder auf gutem Fusse. Sind die Kroaten befriedigt, dann liegt es vollkommen in der Hand der Magyaren, die anderen Parteien, die sich zu der Abrechnung melden werden, so abzufinden, wie es ihnen eben genehm ist, — denn, behauptet das historische Recht in Ungarn seine alleinige staatsrechtliche Geltung, dann müssen die Nicht-Magyaren Ungarns mit dem Vorlieb nehmen, was ihnen die Magyaren herablassend bieten, da sie, mit Ausnahme der Privilegien der Serben — die übrigens von den Magyaren vielleicht auch noch mannigfach angefochten werden dürften — in Bezug auf ihre Nationalität keinerlei staatsrechtliche Ansprüche geltend zu machen vermögen. Also Ungarn und Kroatien wären auf diese Weise constituirt — was erfolgt dann?

Um uns in Bezug auf diese Frage zu orientiren, stellen wir vor Allem das Axiom: „unter gleichen Verhältnissen haben gleiche Ursachen gleiche Wirkungen", — als unangreifbare Prämisse voraus, und calculiren dann weiter. Vor Allem müssen wir als Thatsache feststellen, dass das historische Staatsrecht heutzutage nicht ausreicht, um den Entwicklungstrieb lebenskräftiger Nationalitäten zu ersticken und in Bande zu legen, im Gegentheil es ist ein Erfahrungssatz, dass dieser bei freier Entfaltung so wohlthätig wirkende Trieb in demselben Masse in wilde Leidenschaft umschlägt und einen immer bösartigeren Charakter annimmt, je stärker der fremde Druck wird, welcher auf denselben ausgeübt wird. Nun wollen wir uns im Gedächtniss z. B. die Position vergegenwärtigen, welche Kroatien etwa im J. 1842 den Magyaren gegenüber einnahm. Nehmen wir nun an, die Romanen wären, das historische Recht abgerechnet, gegenwärtig ungefähr in derselben Stellung, — und das können wir immerhin annehmen, ohne einen bedeutenden Rechnungsfehler zu begehen, — ziehen wir dann die beiläufige Wirkung in Betracht, welche das sich frei entwickelnde nationale Element der Romanen in der Moldo-Wallachei auf ihre Stammgenossen in Ungarn ausüben muss, und bringen alle diese Faktoren in ein Verhältniss zu der progressiven Potenz, mit welcher die Ideen der Nationalität und der Gleichberechtigung gegenwärtig arbeiten: so werden wir darnach mit approximativer Wahrscheinlichkeit den Zeitpunkt bestimmen können, wann die Romanen gegen die Magyaren ohngefähr eine ähnliche Stellung einnehmen werden, in welcher die Kroaten Anfangs des J. 1848 sich befanden.

Setzen wir nun den Fall, es käme dazu ein Anstoss von Aussen, und diesen Fall können wir immerhin annehmen ohne uns in Unwahrscheinlichkeiten zu verlieren, — dann entsteht ein Conflict, — natürlich denken wir uns einen solchen Conflict, wie er auch, wie die Erfahrung lehrt, innerhalb eines Staates passiren kann.

Wie wird sich dann Kroatien einem solchen Conflict gegenüber verhalten?

Es ist mit Hundert gegen Eins anzunehmen, dass die neutrale Politik auf Seite Kroatiens, selbst bei dem besten Willen ihrer Leiter an derselben festzuhalten, von dem instinctmässigen Trieb der nationalen Solidarität und von den herrschenden Ideen überholt und veranlasst werden würde, der unterdrückten und protestirenden Nationalität denjenigen Beistand zu leihen, über den Kroatien nach seiner Stellung im Staate dann zu verfügen hätte, — den ebenfalls nicht zu unterschätzenden moralischen Beistand gar nicht in Anschlag gebracht.

Wenn wir ferner diesen Calcul in entsprechenden Proportionen auch auf die Serben. und die Slaven Nordungarns anwenden, so werden wir uns beiläufig ein Bild von Ungarns Zukunft entwerfen können, wenn jetzt ein Compromiss mit Umgehung der Gleichberechtigungsansprüche zu Stande kommt; und wie erst wenn noch andere Influenzen und unverhoffte Stösse von aussen zu diesen nationalen Reibungen hinzukämen, welcher Fall ebenfalls nicht zu den Unmöglichkeiten gehört.

Nehmen wir einen anderen Fall an.

Nehmen wir z. B. an, Ungarn käme bei einer solchen Beschaffenheit seiner inneren Zustände in einen Conflict mit einer Gewalt, die es gegen sich auf irgend eine Weise provocirt hätte, in einen solchen Conflict meinen wir, wie er auch innerhalb eines Staates, ut experientia docet, möglich und denkbar ist. Welche Erscheinungen wird ein solcher Conflict in dem nicht-gleichberechtigten Ungarn zum Vorschein bringen? Man müsste ein Idiot in der Politik sein, wenn man erwarten würde, die von Ungarn provocirte Gewalt werde sich enthalten aus der Unzufriedenheit der Nicht-Magyaren für sich Vortheile zu ziehen. Andererseits aber hiesse es den Völkern eine übernatürliche Selbstverläugnung zumuthen, wenn man annehmen wollte, dass diese Völker die ihnen dargebotene hilfreiche Hand nicht bereitwillig ergreifen werden.

Wie aber wird es dann mit der Freiheit stehen, mit jener Freiheit, die man immer und überall als das General-Argument gebraucht, wo es sich darum handelt, die nicht-magyarischen Nationalitäten von der Geltendmachung ihrer Ansprüche abzuschrecken, oder diese Ansprüche ad absurdum zu führen.

Das Facit dieses ganzen Calculs ist: dass in Ungarn, wenn es sich nicht auf Grundlage der Gleichberechtigung constituirt, binnen nicht gar langer Zeit ein Zustand sich entwickeln muss, der dem permanenten Kriegszustande so ähnlich als nur möglich sieht. —

Der Moment der Entscheidung rückt heran. Der Landtag Ungarns verharrt in erwartungsvollem Schweigen — der kroatische Landtag schickt sich an, dieses dumpfe Schweigen zu brechen — in wenigen Tagen versammelt sich der Reichsrath in Wien. Was Ihr immer beschliesst, wenn es nicht aus dem Princip der Gleichberechtigung entsprungen, es wird vielleicht ein Nothwerk, eine momentane Nothhilfe, aber es wird kein Werk von Dauer sein, es wird die schwebenden Fragen nicht lösen, — diese Fragen vermag nur und in Oesterreich einzig und allein das Princip der Gleichberechtigung ein für allemal zu lösen, — alle die dräuenden und gewitterschweren Fragen, — die österreichische, die ungarische, die slavische, und jede nationale Frage, — und auch die orientalische Frage. —

Was bis jetzt nicht germanisirt, magyarisirt, centralisirt ist, von nun an wird es nimmermehr, denn das zum Leben erwachte Princip der Gleichberechtigung fordert sein Recht und wird jeden solchen Versuch bekämpfen und vereiteln.

Gebt daher solch eitles Beginnen auf, denn es könnte Euch nur verderblich werden.

Die Gleichberechtigung allein heilt die Krebsschaden unseres Staates, sie verwandelt seine wilden Auswüchse in fruchttragende Zweige, und sie macht dasjenige zu einem Segen für Oesterreich, was bisher seine Kraft und seine Stärke lähmte.

Oesterreich aber wird nicht eher zur Ruhe und zur Kraft kommen, bis es nicht erklärt:

„Gleiches Recht für Alle!"

Man erlaube uns zur Erholung, denn unser Thema hat uns etwas angegriffen, -- man gestatte uns also dass wir, während wir ein wenig ausruhen, eine kleine Geschichte aus unserer Erfahrung zum Besten geben, zu Nutz und Frommen allen jenen gutmüthigen Gefühlspolitikern, die nicht einsehen wollen, dass in der „historischen" Politik die Gemüthlichkeit aufhört. Diese Geschichte gehört zwar streng genommen nicht hieher, aber sie passt ganz gut zu dem Moment, welchem diese Schrift ihre Entstehung verdankt, und so mag sie auch, zugleich als Rast-Station, hier stehen.

Ich kannte zwei sehr respectable, stattliche alte Herren, die Nachbarn waren; sie waren zusammen aufgewachsen, und haben in jungen Jahren manche tollen Streiche mitsamen durchgemacht, wovon sie denn auch in den alten Tagen oft und gerne sich unterhielten. Beide waren etwas heftigen, aufbrausenden Temperaments, und so kam es, dass sie häufig, besonders über die leidige Politik, mit einander in Streit geriethen und sogar bitterböse auf einander wurden; doch sie söhnten sich gewöhnlich bald wieder aus, so fest sie sich auch nach jedem Zank und Streit vorgenommen, einander nicht mehr anzusehen, — wie es denn zwischen zwei Nachbarn zu gehen pflegt, die von Kindesbeinen an getreue Cameradschaft pflegten, und wo einer an des anderen Beistand und guten Willen in tausend Dingen angewiesen ist.

Einmal sassen die beiden wackeren Herren traulich beisammen. Sie feierten nach einem besonders heftigen Streit ihr Versöhnungsfest, tranken einander die Gesundheit zu und liessen die Freundschaft hoch leben. Diese fröhliche Stunde und gute Laune benützte Herr A, der reichere von beiden, um mit einem Anliegen herauszurücken, das er schon seit lange auf dem Herzen hatte.

LVIII

„Höre Bruder — sagte er — du hast da hinter dem Hause einen wüsten Anger, der dir zu gar nichts nütze ist, denn es wächst nur Unkraut darauf; ich muss aber zu meiner Wiese unten am Teiche einen weiten Unweg machen, der bei schlechtem Wetter mit Wagen und Pferd gar nicht zu passiren ist; wie wär es, wenn du mir erlaubtest, dass ich mir einen Weg bahne über deine öde Tratina da hinten, es wäre mir damit sehr gedient, und dich kostets ja nichts. Du machst mir einen rechten Gefallen damit."

„Braucht's da so viel Worte wegen so einer Lappalie — erwiederte der Andere — in Gottes Namen bau dir deinen Weg so bald es dir gefällt, hab' ja keinen Schaden davon, im Gegentheil, dein Weg kommt auch mir recht gut zu Statten. Also abgemacht, mit dem grössten Vergnügen."

„Danke schön; aber noch eins; es geschieht zuweilen dass wir uns zanken; du, alter Brausekopf, könntest mir da einmal den Weg vor der Nase versperren; geh', Alter, gib mir's schriftlich."

„Meinetwegen, wenn du's haben willst — o du liebe Vorsicht" lachte gutmüthig Herr B. und gabs dem anderen schriftlich und noch dazu vor Zeugen.

Herr A. bahnte den Weg und war dem Nachbar recht dankbar für seine Gefälligkeit. Dieser aber wenn er auf dem neuen Wege seine Pfeife rauchend promenirte, dachte innerlich lachend: Der alte A. ist doch ein rechter Narr; baut mir da mit seinem Geld eine so bequeme Promenade neben das Haus, und macht da noch so viel Wesens von Dank und Gefälligkeit.

So lebten die alten Herren bald in Streit, bald wieder versöhnt, eins an das andere gewöhnt, in erträglicher Nachbarschaft fort, bis Herr B. starb, und sein Sohn die Erbschaft antrat.

Der junge Mann hatte sich in der Welt umgesehn und auch etwas Tüchtiges gelernt. Nun wollte er was er in der Welt gesehn und gelernt, sich auch zu Nutze machen und in seiner Wirthschaft anwenden. Die Wirthschaft der beiden Nachbaren, ich muss es nur gestehen, war nicht im besten Zustande. Die alten Herren waren zwei gewaltige und passionirte Jäger, politisirten auch viel, aber um die Wirthschaft haben sie sich nicht sonderlich bekümmert.

Der junge Mann hatte daher tüchtig zu schaffen, um die Wirthschaft in guten Stand zu bringen.

Das erste was ihm in die Augen stach war der öde Anger hinter dem Hause. Da will ich mir doch einen Garten anlegen — meinte er — eine Wirthschaft ohne Garten ist doch eine rechte Wildniss. — Und er begann die Tratina einzuzäunen.

Da war aber der alte Herr Nachbar gleich bei der Hand und polterte auf ihn los: Was da, hier wird nichts eingezäunt; da führt mein Weg durch, und ich lasse mir mein Recht nicht nehmen. Hat sich dein Vater ohne Garten so lange behelfen können, kannst du's auch. Seht mir da den Gelbschnabel! Ist kaum warm geworden in seinem Nest, und will das schon Neuerungen einführen. Aber nichts da, ich erlaubs nun und nimmer« und der alte Herr der überhaupt etwas hochfahrender Natur war, blieb bei seinem Protest; der junge Mann musste sich fügen, so sehr es ihn auch verdross, denn er hatte keinen anderen passenden Platz zum Garten.

Jahre vergingen, die Wirthschaft des jungen Nachbars hatte sich gehoben, und es wurden neue Wirthschaftsgebäude nöthig; da war aber wieder kein passender Platz dafür, als gerade der wüste Anger.

Aber der störrige Nachbar protestirte wieder, und bestand auf seinem mittlerweile „historisch" gewordenen Rechte.

Es wurde darüber processirt, doch auch der Richter konnte nicht anders, er musste das verbriefte Recht des alten Herrn gelten lassen und der junge Mann musste noch dazu die Processkosten bezahlen.

So sah sich der junge Mann auf seiner eigenen Wirthschaft beengt und in seinem nützlichen Schaffen behindert, und es wurde ihm durch die Neckereien des rechthaberischen Nachbars seine ganze Wirthschaft so sehr verleidet, dass er, als ich ihn das letztemal sah, vom Uebersiedeln sprach.

Die Lehre davon ist: dass etwas, was heute eine Bagatelle, ein lächerlich geringfügiges Zugeständniss ist, nach Jahren ein sehr unbequemes Ding werden kann. —

Als wir die Feder zur Hand nahmen, um ein Vorwort zu dem Buche zu schreiben, das unserer Obsorge anvertraut ward, schwebte uns der Gedanke vor, dem auswärtigen Leser den Zusammenhang des historischen Rechtes und der nationalen Ansprüche der Kroaten zu erklären. Der Gegenstand und die Wichtigkeit des Moments führte uns unwillkürlich weiter, und so entwickelte sich aus unserem ursprünglichen Gedanken die Idee der Gleichberechtigung. Wir konnten auf diesen wenigen improvisirten Blättern und in der Eile ihres Entstehens auf die Details dieser Idee in ihrer Anwendung nicht eingehen, denn dann hätten wir ein weiteres Buch schreiben müssen, und dazu mangelt die Zeit, auch, hoffen wir, bedarf es für jezt dessen nicht.

Es steht kein illustrer Name unter diesen Zeilen, um sie der Beachtung besonders zu empfehlen. Der Verfasser dieser Zeilen kann zur Empfehlung derselben seinerseits nichts anführen, als dass er seinen Grundsätzen, die er aus dieser Idee geschöpft hat, niemals untreu geworden, dass er für diese Idee gestritten und — auch gelitten hat, und für diese Idee auch fernerhin zu kämpfen und zu dulden bereit ist.

Die Idee der Gleichberechtigung ist übrigens nicht neu, sie ist keine moderne Erfindung. Sie lebt und wirkt und kämpft und ringt in den verschiedensten Formen und Gestalten unter den Völkern des Erdballs nicht seit Decennien, sondern seit Jahrhunderten — sie ist so alt, wie das Christenthum selbst. Diese Idee erfüllt und durchglüht gegenwärtig die Herzen von Millionen frei und mild gesinnter Menschen, sie erfasst und beschäftigt die freien und humanen Geister unserer ganzen Generation. In Oesterreich war diese Idee schon vor einem Decennium bereits so stark und mächtig verbreitet, dass ein verblendeter Staatsmann, dem die Zügel unseres Staates anvertraut waren, sich dieser Idee schlau zum Aushängschild seiner verschmitzten Politik bemächtigte, um sie unter dieser edlen Firma verkappt in Oesterreich einzuschmuggeln. Er hatte an dieser Idee einen Verrath begangen, und sie hat ihn ausgeschieden, wie sie alles ausscheidet, was falsch und unecht ist. Nicht engherzige Egoisten und Solche, die in kleinlichen Vorurtheilen befangen sind, nicht Solche, die die Freiheit und Humanität nur auf der Zunge und nicht im Herzen tragen, nicht Solche, in deren Herzen die Menschenliebe nicht Raum hat, die Nächstenliebe, die alle Brüder ohne Unterschied umfasst, — nicht Solche werden für diese Idee einstehen, — aber Tausende Ritter vom Geiste, gepanzert und gerüstet, werden sich für diese Idee erheben, ihr die Bahn brechen, für sie muthig und begeistert kämpfen, und ihr endlich, so Gott unser Beginnen und unsere reine Absicht segnet! zum Siege verhelfen.

Diese Idee wird, so hoffen wir, auch die Fahne Kroatiens schmücken und heiligen, und sie wird dieser Fahne ebenso zum Ruhme gereichen und sie zum Siege führen, wie diejenige Fahne zum Sieg und zum Ruhme führte, welche Kroatien für das Christenthum vorangetragen hat.

Zum Schlusse noch einige Worte an die Magyaren.

Wir finden häufig in ungarischen Blättern und Flugschriften die Verwunderung und die Frage ausgesprochen: worüber sich denn die Kroaten eigentlich gegen die Magyaren zu beschweren haben, und man fordert uns auf, die Fälle namhaft zu machen, in denen wir uns von unseren Nachbaren verletzt und beeinträchtigt glauben. Wollten wir dieser Aufforderung nachkommen, wir müssten ein kleines Buch nur mit der Namhaftmachung jener Flugschriften, Zeitungsartikel etc. anfüllen, die bei uns vom J. 1835 bis 1848 über diesen Gegenstand veröffentlicht worden sind.

Die vernehmlichste Antwort war übrigens darauf jedenfalls die vom Jahre 1848 — sowohl von Seite der Serben, wie der Kroaten. — Man ruft nicht die Nation unter die Waffen, man opfert nicht Gut und Leben, wo nicht die heiligsten Güter des Lebens auf dem Spiele stehen.

Wir erwarten keinen Erfolg und keinen Ausgleich von Vorwürfen und Anschuldigungen. Fremde Vorwürfe zumal führen selten zur Selbsterkenntniss, sie erbittern vielmehr. Wo die Folgen einer That, wo das richtig erfasste eigene Interesse ein Volk nicht zur Besinnung bringt, — Rekriminationen und Beschuldigungen thun es gewiss nicht.

Wo die warnenden und prophetischen Worte der erleuchtetsten Geister eines Volkes bei diesem Volke selbst wirkungslos verhallen, da wird auch die vorwurfsvolle Stimme des fremden Mahners kein williges Ohr finden. — Es sind uns unter manchen anderen die prophetischen Warnungsrufe noch in der Erinnerung geblieben, die Einer der edelsten hellsehenden Geister des magyarischen Volkes an dieses sein Volk von Zeit zu Zeit gerichtet hat. Gabriel Kazinczy ist dieser Genius, dessen Andenken seine Landsleute auf so erhebende und sie selbst ehrende Weise im vergangenen Jahre feierten. Ein solcher Mahnruf dieses gefeierten Mannes findet sich in der ungarischen Zeitschrift „Athenaeum" v. J. 1839 abgedruckt, und wurde derselbe in dem Journal „Hirnök" Nr. 72 desselben Jahres von Csató in seiner „Wochenschau der magyar. Zeitschriften" reproducirt. — Gabriel Kazinczy spricht da in schwungvoller, eindringlicher, vorwurfsvoller Rede wie ein Seher zu seinem Volke. Seine Worte werden in dem ungarischen Blatte selbst als eine Flammenschrift, als eine höchst beachtenswerthe Manifestation bezeichnet und besonders hervorgehoben. Der greise Dichter nimmt Anlass von einem Sommeraufenthalte in Ober-Ungarn, und zieht eine Parallele zwischen dem slavischen Volke jenes Landestheils, und dem rein-magyarischen Volke Nieder-Ungarns, — welche Parallele weit, sehr weit davon entfernt ist, den Magyaren vortheilhaft zu sein. Nachdem der geistvolle Dichter das Volk Ober-Ungarns geschildert, das ihm „wie ein geheimnissvolles Buch" erscheint, „welches wir (die Magyaren) geerbt, und das wir unaufgeschnitten wieder an die Nachkommenschaft vererben", — nachdem er den Slaven, den „Tót ember", — den der Magyare nicht als seines Gleichen, nicht „als einen Menschen" gelten lassen will,

seinen Landsleuten vorgehalten, und nachdem er die Ebenen
Nieder-Ungarns beschrieben und deren »nichtssagende Einför-
migkeit, die uns wie eine Wüste angähnt« und das dor-
tige Volk geschildert, das »ein getreues Abbild dieser Einför-
migkeit, in dumpfer Trägheit sein leben- und freudeloses Dasein
auf diesen reichen Ebenen verbringt, die Arbeit und die Sorge des
Lebens dem »Magyar Istene« — dem Gott der Magyaren über-
lassend, — bricht der Dichter in folgende Worte aus: »Und ein
»solches Volk, das nicht einmal den engeren Begriff der Familie
»zu verwirklichen im Stande ist, wagt noch von der erhabenen Idee
»der Volkseinheit zu träumen! — Nach meiner Meinung sind wir
»unglücklich! Auf schwindelnder Thurmhöhe schlafen wir in sicherer
»Bewusstlosigkeit unseres fieberhaften Zustandes, und träumen unsere
»mondsüchtigen Träume .... Ich liebe meine Nation selbst in ihrem
»Untersinken, ich liebe sie wie keiner sie mehr lieben kann, die
»Liebe kann mich aber darum nicht so weit verblenden, dass ich in
„dem Antlitz der Geliebten nicht auch die Makel sähe; doch das
»Gefühl meines Herzens ist zu tief und innig, als dass diese Er-
»kenntniss dasselbe schwächen könnte. Und ich frage: was thaten
»wir, dass wir mit solch lächerlichem Hochmuthe auf unsere Mit-
»bewohner des Vaterlandes (die Slaven) herabsehen? In was ragen
»wir über sie hervor? Etwa in politischer Bedeutung? oder in der
»Literatur? Volksbildung? Freiheit? — Die Antwort ist kurz: in
»nichts! — Der Staat ist ein Gotteshaus; jeder der da eintritt,
»ist seinen Mitmenschen gleich, und mit Recht vertreibt man ihn,
»sobald er von Vorrechten zu faseln wagt. Brüder sind wir, Nie-
»mand ist da Sklave, und mit gleichem Rechte theilen wir uns ins
»väterliche Erbe.« etc. —

So äusserte sich vor 22 Jahren der berühmte magyarische Dichterfürst über das »souveräne Volk« und über die »nicht-souveränen« Nationalitäten Ungarns.

Doch wir wollen in unserem Citat nicht weiter fortfahren, denn dasselbe enthält so viel Bitteres — so viel bittere Wahrheiten möchten wir beinahe sagen — für die Magyaren, wie sie nur das ahnungsvolle Herz eines für sein Volk erglühenden Sehers diesem Volke zu sagen das Recht hat; wir haben aber nur in so fern das Recht uns auf diese seine Worte zu berufen, als dieser Berufung der Wunsch und die Absicht zum Grunde liegt, dadurch vielleicht einen und den anderen der gelasseneren Söhne dieses Volkes zu veranlassen, dass er für einen Augenblick seinen Geist dem blendenden Carousell der stolzirenden Tagespolitik seiner Heimat entziehe und der Prüfung jener Ursachen zuwende, welche den hellen Völkerzwist und den blutigen Bürger-Krieg in Ungarn provocirt haben.

_____

Wir haben schliesslich noch die Nachsicht des europäischen Publikums für dieses Buch in Anspruch zu nehmen, und zwar sowohl was den Inhalt, als auch was die Form desselben betrifft.

Die Kroaten haben bisher mehr Geschichte ge macht, als geschrieben. Die Geschichte der kroatischen Nation war bis in die neuere Zeit beinahe ein ununterbrochener Kampf mit dem Feinde der Christenheit und der christlichen Cultur an den Marken Europa's gegen die Barbarei des Ostens, — ein getreuer und aufopfernder Wachedienst an den Bollwerken der europäischen Civilisation — die Geschichte der Kroaten ist mit dem Schwert und mit Blut geschrieben.

e

Kaum anfathmend von diesem Jahrhunderte langen Kampfe, mussten die Kroaten den neuen Kampf aufnehmen um ihr Recht und um ihre nationale Existenz gegen die sie umgebenden feindlichen Elemente.

Wohl finden sich zerstreut in der kroatischen Heimat historische Denkmäler und Aufzeichnungen, welche der Nachwelt die wichtigeren Momente und denkwürdigen Ereignisse des Landes von den ältesten Zeiten her bis auf die neuere Epoche bewahren, — aber diese Quellen sind noch wenig gesichtet, noch nicht zu einer eigentlichen nationalen Geschichte systematisch geordnet und bearbeitet.

Erst seit dem Wiederaufleben der kroatischen Literatur in den letzten 25 Jahren, vorzugsweise aber und hauptsächlich durch die rastlosen und thatkräftigen Bemühungen eines unserer verdienstvollsten Patrioten und Geschichtsforschers, des gegenwärtigen Agramer Obergespans und früheren Landesarchivars Herrn v. Kukuljević, der vor 10 Jahren den „Verein für Südslavische Geschichte" begründet hat und demselben seitdem vorsteht, — begann sich der Horizont unserer historischen Vorzeit mehr und mehr zu klären, und besonders die in der letzten Zeit begonnenen Publicationen des genannten Patrioten, das diplomatische Material der kroatischen Geschichte übersichtlich umfassend, so wie die sehr verdienstlichen Arbeiten unseres Rački und andere fangen an auch über einzelne historische Details immer mehr Licht zu verbreiten und die Thätigkeit der jüngeren Kräfte auf dieses Feld zu lenken. Bisher musste zumeist aus fremden Quellen bei einer durch den Gegenstand selbst ziemlich beschränkten Wahl geschöpft werden.

So viel zur Entschuldigung hinsichtlich der essentiellen Zusammenstellung dieses Buches.

Nun was die Form betrifft.

Dieses Buch ist eine Vertheidigungsschrift, und als solche auch polemischer Natur.

Sie ist entstanden unter dem Eindrucke jener Schritte, die von Ungarn aus geschahen, um die Einverleibung Kroatiens zu Ungarn etwa so wie der serbischen Vojvodschaft bei Sr. Maj. dem Könige zu erwirken, — und diese Schrift ist daher der ziemlich getreue Reflex der dadurch im Lande provocirten Stimmung. Bei der verhältnissmässig beschränkten Zeit, die man diesem Gegenstande widmen konnte, sind auch in dieser zweiten Ausgabe noch manche Härten und Uncorrectheiten unterlaufen, die bei der dritten Auflage, wenn sie nothwendig werden sollte, vermieden werden sollen. Alsdann soll auch der essentielle Inhalt dieser Schrift, die wie gesagt einer momentanen Zeitfrage ihre Entstehung verdankt, eine sorgfältigere Abrundung erhalten.

Noch haben wir zu bemerken, dass unsere Antwort auf die Objectionen, welche unlängst von einer ungarischen Natabilität in der kroatischen Frage publicirt worden sind, namentlich unsere Erwiederung auf die Hauptobjection bezüglich der Pragm. Sanction etc. — in dieses Buch grösstentheils mit einbezogen wurde.

Agram, Mitte April 1861.

J. P.

Inhalt.

www.ingramcontent.com/pod-product-compliance
Lightning Source LLC
Chambersburg PA
CBHW021626270326
41931CB00008B/896

* 9 7 8 3 3 3 7 2 5 2 0 7 6 *